KB159223

캠브리지 교사 개발 연수 시리즈

언어 수업 관찰

- 언어 교사와 교수들을 위한 지침서 -

(Classroom Observation Tasks-A resource book for language teachers and trainers)

수업 개선을 위한 수업관찰 안내서

Ruth Wajnryb 지음 | **임칠성 · 최진희 · 정영아** 옮김

도서
출판 **박이정**

언어 수업 관찰

초판 인쇄 2014년 2월 10일
초판 발행 2014년 2월 20일

엮은이 임칠성·최진희·정영아
펴낸이 박찬익
펴낸곳 도서출판 **박이정**
편집장 김려생
책임편집 정봉선

주소 서울시 동대문구 천호대로 16가길 4
전화 02) 922-1192~3
팩스 02) 928-4683
홈페이지 www.pjbook.com
이메일 pijbook@naver.com
출판등록 1991년 3월 12일 제1-1182호
ISBN 978-89-6292-622-4 (93370)

* *
*

역자 서문

　모든 교육은 교실에서 교사의 수업과 학생의 학습으로 완성되기 때문에 교사의 수업 능력은 교육의 질을 담보한다. 그래서 수업 능력 신장에 대한 책들이 넘쳐 난다. 그러나 정작 이론적 기반을 갖추고 있으면서도 실제 현장에서 구체적인 교과 수업에 사용할 수 있는 좋은 책 구하기는 오히려 힘들다. 언어 교육에서 수업 능력은 특히 중요하다. 언어 교육은 내용 중심 교육이 아니라 학습자들의 기능(skill)을 신장시켜야 하는 기능 중심 교육이기 때문이다.

　자국어로서의 국어 수업과 외국어로서의 한국어 수업의 평가에 대해 연구하면서 이리저리 수소문 끝에 이 책을 발견했다. 수년 전에 대학원 교사들과 함께 이 책을 읽고서, 이 책이야말로 우리 나라의 제 2언어 교육에 필수적으로 필요한 책이라고 판단하였다. 그래서 '내가 수업을 잘하고 있을까, 어떻게 하면 내 수업을 진단하고 개선할 수 있을까' 고민하는 교사들에게, 또 수업을 준비하는 예비교사들에게 이 책을 소개하고 싶어서 일단 번역을 시작하였다.

　그러나 이 책이 나오기까지 어려운 과정들이 있었다. 응용언어학자이면서 TESOL 교수이고, 저널리스트이기도 한 Ruth Wajnryb(1948-2012)이 거물인데다가(2012년에 돌아가셨고, 현재 인터넷에 추모 사이트가 있다.) 이 책 자체가 세계적으로 널리 팔리는 책이기 때문에 번역 허락을 얻는 것 자체가 힘들었다. 이 자리를 통해 번역 출판을 허락해 주어 한국 독자들이 이 책을 쉽게 접하게 해 준 캠브리지대학출판사의 심선희 차장님에게 진심으로 감사드린다. 그리고 어려운 출판 시장임에도 불구하고 출판을 결정한 박이정 출판사에게도 감사를 드린다.

이 책은 언어 교사들의 수업을 진단하여 그 능력을 신장시키기 위한 책이다. 그래서 이 책은 외국어로서의 한국어 교사는 물론 모든 제 2언어 수업을 담당하는 교사들과 예비 교사들, 그리고 교수들에게 도움이 되는 책이다. 그리고 자국어로서의 국어 교사들에게도 활용될 수 있는 책이다.

이 책의 장점은 수업 일반을 대상으로 한 책이 아니라 언어 수업만을 대상으로 한 책이라는 점이다. 그리고 수업을 한 눈에 전체적으로 관찰하거나 평가하기 위한 책이 아니라 수업을 몇 가지 과업(tasks)으로 체계화하여 문제가 되는 과업을 집중적으로 관찰하고 그 문제를 해결할 수 있도록 구성되어 있다는 점이다. 무엇보다, 수업 발전을 위한 이론적인 접근과 함께 현장에서 바로 활용할 수 있도록 매우 구체적인 방법을 소개하고 있다는 점이 장점이다.

이 책이 수업 때문에 고민하는 모든 언어 교사들에게 좋은 기회가 되길 바란다.

2014년 2월
역자들

CONTENTS
차   례

역자 서문   5

감 사   10

감사의 글   11

제1부 머리말   13

　　1. 학습 도구로서의 수업 관찰   13

　　2. 이 책은 누구를 겨냥하는가?   15

　　3. 왜 이 책은 수업 관찰에 주목하는가?   21

　　4. 과업은 어떻게 조직되는가?   34

　　5. 과업은 어떻게 사용할 것인가?   37

　　6. 주의 사항   49

제2부 과업   51

　　1. 학습자   51

　　　　1.1 학습자에게 주의 기울이기   51

　　　　1.2 학습자 동기 유발   55

　　　　1.3 행위자로서의 학습자   59

　　　　1.4 학습자 수준   62

　　　　1.5 문화적 존재로서의 학습자   66

CONTENTS
차   례

2. 언어   70

　2.1 교사의 메타언어   70

　2.2 질문 언어   74

　2.3 오류에 대한 피드백 언어   77

　2.4 반향 언어   81

　2.5 의미 합의로서의 언어   84

3. 학습   88

　3.1 학습 환경   88

　3.2 학습 점검   92

　3.3 학습과 교수의 비교   96

　3.4 학습 목표   100

　3.5 어휘와 학습   104

4. 수업   107

　4.1 수업 설계   107

　4.2 시작하기와 끝맺기   112

　4.3. 학습 활동 국면과 전이   116

　4.4 문법 교육   120

　4.5 수업 중단   124

CONTENTS
차 례

5. 지도 기능과 전략   128

   5.1 제시   128

   5.2 발문: 교사의 촉구   131

   5.3 발문: 교사의 반응   134

   5.4 지시하기   137

   5.5 오류 처리하기   142

6. 수업 관리   146

   6.1 수업 의사소통 관리: 상호작용 패턴   146

   6.2 짝 활동과 그룹활동 관리   149

   6.3 교수와 학습 역할   153

   6.4 시간과 속도   158

   6.5 수업 권력   161

7. 수업 자료와 자원   165

   7.1 자원으로서의 칠판   165

   7.2 자원으로서의 학습자   168

   7.3 수업 자료로서의 전인적 학습자   171

   7.4 과업 분석   175

   7.5 과업 설계와 평가   178

* *
*

감　사

교수와 학습의 관계는 복합적이고 매혹적인 것으로 아름다움과 보상(beauty and rewards)과 같이 아이러니를 발생시킨다. 내가 전문 교사로서, 교사 교육자로서 지난 20여 년 동안 활동하며 배워온 것들이 오늘날 내가 이런 생각을 갖기까지 강력한 감동을 주었다.

내가 이러저러한 방식으로 교육을 한 다양한 집단의 사람들이 "언어수업 관찰"의 기초 지식을 쌓는 데 나름대로 기여했다. 이런 이유로 나는 교수 동료들은 물론 나의 학습과 이 책에 기여를 해 준 현재와 이전의 언어 학습자들, 예비 교사들, 교사 교육자들에게 존경심을 가지고 큰 감사를 드린다.

**＊＊
＊**

감사의 글

    저자와 출판사는 자료의 저작권 보호 자료를 복제하도록 허락한 다음에 감사를 드리고 싶다.

    J.F. Fanselow의 29쪽 '"Let's see": 교수에 대한 대조적인 대화'를 발췌할 수 있도록 한 J.F. Fanselow와 Cambridge University Press; Maingay 31쪽의 '훈련, 개발, 혹은 평가를 위한 관찰(Observation for training, development or assessment)'을 발췌할 수 있도록 하고, S. Deller 162쪽의 "학습자에게서 배우기(Lesson from the Learner)"를 원용할 수 있도록 해 준 Longman Group UK Ltd; D. Freeman 34쪽의 '교수를 위한 학습: 언어 교사 교육의 네 가지 유형'을 발췌할 수 있도록 한 Sydney의 국립 영어 교수와 연구 센터(National Centre for English Language Teaching and Research); H. Widdowson 72쪽의 "언어 교수 양상(Aspects of Language Teaching)"을 발췌할 수 있도록 한 Oxford University Press; J. W. Tollefson 76쪽의 '교사 질문 능력 신장을 위한 체계(A System for improving teachers' questions)'을 발췌할 수 있도록 한 미정보국(the United States Information Agency); V. Zamel, 1981, TESOL Quarterly, 15, 2, Copyright 1981, TESOL이 허가 하에 재판한 80쪽의 '인공두뇌학: ESL 수업의 피드백 모형(Cybernetics: a model for feedback in the ESL classroom)'을 발췌할 수 있도록 한 V. Zamel, 1981, TESOL; S. Lindstromberg 81쪽의 '교사 반향(Teacher echoing)'을 발췌할 수 있도록 한 S. Lindstromberg와 "교사 훈련가(The Teacher Trainer)"; R. Gower과 S. Walters 140쪽의 '훈련생은 인간인가?(Are trainees human?)'을 발췌할 수 있도록 한 Heinemann Publishers (Oxford) Ltd; T. Woodward 147쪽의 '예비 훈련생을 위한 관찰 과업(Observation tasks for pre-service trainees)'에서 원용한 다이아그램이 가능하도록 한 T. Woodward와 "교사 훈련가(The Teacher Trainer)"; E. W. Stevick 108쪽의 "언어 가르치기: 하나의 방식과 여러 방식들(Teaching Languages: A Way and Ways)"를 발췌하여 원용하도록 한 Newbury House/Heinle & Heinle Publishers; R. Brown 154쪽의 '관찰 교육법 - 상호작용 단계를 위한 실러버스(Classroom pedagogics - a syllabus for the interactive stage)'를 발췌하여 원용하도록 한 R. Brown과 "교사 훈련가(The Teacher Trainer)"; D. Nunan 175~178쪽의 '의사소통적 수업을 위한 설계 과업(Designing Tasks for the Communicative Classroom)'의 재료들을 발췌하도록 한 D. Nunan과 Cambridge University Press.

제1부. 머리말

1. 학습 도구로서의 수업 관찰

학습을 위한 수업 관찰

이 책은 학습 도구로서의 수업 관찰에 대한 책이다. 언어 수업을 관찰하는 방법과 수업 관찰을 통해 어떻게 배울 수 있는가를 내용으로 하고 있다. 수업을 관찰하기 위해 교실에 앉는다는 것은 교사가 자신의 전문성을 신장시키기 위해 생생한 경험을 시작한다는 것이다. 이 책은 이런 경험들을 자신의 수업에 어떻게 적용할 수 있는지 보여주고자 한다. 수업 관찰이 학습 경험이 되도록 하는 것이 이 책의 목적이다. 이를 위해 이 책은 교사가 관찰한 바의 결론을 이끌어내어 그것을 자신의 수업에 반영하도록 하는 다양한 방법을 제시하고 있다. 수업관찰에는 여러 가지 면면이 있다. 교실에서 시간을 보내는 것만으로 수업 관찰이 끝나는 것이 아니다. 수업관찰을 하려면 관찰 전에 준비를 해야 하고 관찰 후에 후속 조치를 해야 한다. 수업관찰 준비란 다른 사람과 협력하여 수업의 초점과 목적 그리고 자료 수집의 방법 등을 조사하는 것이다. 후속 조치란 자료와 수업에서 얻은 경험을 분석하고, 토의하고, 해석하는 등 모든 경험에 대해 살펴보는 것이다.

본격적인 논의를 시작하기에 앞서, 수업 관찰이란 수업 실행에 대해 배우고 증진시키는 일종의 기술(skill)이라는 점을 분명하게 지적하고 싶다. 일반적인 견해는 이와 반대로, 수업 관찰이라는 사건을 통해 배울 수 있는 능력이라는 것이 직관(intuition)에 해당한다고 생각하는 경향이 있다.

교사들이 수업준비를 하는 동안 직관이 어느 정도 역할을 하는 것은 사실이지만, 동시다발적으로 일어나는 무수한 것들을 예리하게 살펴보고, 선택하고, 규정짓고, 우선순위를 매기는 능력은 전문적 기술과 마찬가지로 연습하고 학습하여 증진시킬 수 있는 성질의 것이다. 초보 교사들과 실습 교사들에게 이런 유형의 학습 과정을 소개하고 장려하는 것이 이 책의 주요 목적이다.

이제 (1) 누가 수업을 관찰하는가, (2) 무슨 목적으로 수업을 관찰하는가에 대해 살펴보고, 수업관찰에 대한 논의를 진행시켜 보자.

누가 수업을 관찰하는가?

수업 관찰은 다양한 참여자들에게 상이한 맥락에서 서로 다른 목적을 달성시킬 수 있게 한다(그림 1.1 참조). 이 책은 주로 자신들의 전문 능력을 발전시키기 위한 방법으로 수업 관찰에 참여한 교실 수업 교사들을 대상으로 하고 있다. 수업 관찰에 참여하는 사람들은 주로 교사 자신이거나, 학교 당국이거나, 교사들의 수업에 관련된 프로그램을 지원하는 이들이거나, 예비 교사이거나, 신규 교사 연수를 마치고 새로이 교사가 된 사람들일 것이다. 수업 관찰에 참여할 수 있는 다른 사람들은 다음과 같다.

- *수습 교사들*, 이들은 자기 훈련 과정의 중요한 일환으로서 교사들, 다른 수습 교사들, 다른 교사 훈련가들의 수업을 관찰한다.
- *교사 훈련가들*, 이들은 수습 교사들의 수업을 관찰한다.
- *교사 개발자들*, 이들은 학교 기반 시스템의 일환으로 교사들을 관찰한다.
- *수습 교사의 지도 교사들*, 이들은 교사와 수습 교사들을 관찰한다.

무슨 목적으로 수업을 관찰하는가?

수업 관찰의 목적은 매우 많다. 그러나 이 책에서 기본적으로 고려하는 수업 관찰의 목적은 교사들의 수업 전문 능력 신장과 개발이다. 이 책의 목적은 수업 관찰을 구조화하여 일종의 수업 관찰에 대한 안내를 하는 것이다. 교사 직전 훈련 과정이나 교생 실습 기간이나 교사 선발과 관련하여 일종의 평가를 하기 위해 수업을 관찰하는 것은 여기서 다루지 않는다. 대체로 이것들은 점수를 매기고, 명령하거나 외적인 요구에 의한 것인 데다가 학습 자체와 필연적으로 관련되기보다는 어떤 요소(factors)로 채색된다. 또한, 관습적이거나 보통 단독적으로, 활동 중에 있는 교사나 교실을 관찰하기 위한 평가의 관심 영역이었다. 반면에, 학습 도구로서의 수업 관찰은 교사 교육에 대한 연구 분야에서 아주 최근에서야 연구되기 시작하였다.

2. 이 책은 누구를 겨냥하는가?

이 책은 수많은 언어를 가르치는 사람들이 흥미를 가지고 도움을 받을 수 있도록 계획되었다. 이들은

- 언어 교사들;
- 언어 예비 교사들;
- 언어 교사 훈련자들;
- 학교 기반 지원자들
  (예를 들어, 코디네이터들, 수석 교사들, 학교의 장들)
- 교사 교육자들 (종합 대학이나 교육 대학이나 사설 기구에서)

맥 락		관찰자	피관찰자	수업관찰의목적			수업 관찰 경험의 사례
				훈련 과정	개발 과정	학교 기반 지원	수업 관찰 경험의 사례
재직 중 교사개발 맥 락	1	교 사	동료교사		✓		상호 자기 개발이나 과제를 위해 두 교사가 서로 수업을 관찰한다.
재직 중 교사개발 맥 락	2	교 사	동 료 교 사 나 수석교사		✓	✓	특정 영역의 숙련을 위한 수업 교사의 요청에 의해 한 교사가 다른 교사(동료교사나 경험 많은 교사)의 수업을 관찰한다.
재직 중 교사개발 맥 락	3	교 사 코디네이 터/개발 자	교 사		✓	✓	학교 기반 교사 지원의 일환으로서 자신의 수업을 관찰하도록 교사 교육자를 초청한다.
직전훈련 맥 락	4	수 습 교 사	교 사	✓			수습 교사가 교실 경험 과정의 일환으로 숙련된 교사의 수업을 관찰한다.
직전훈련 맥 락	5	수 습 교 사	교 사 훈 련 가	✓			수습 교사가 수업 모형을 경험할 수 있도록 교사 훈련가의 수업을 관찰한다.
직전훈련 맥 락	6	수 습 교 사	동 료 수습교사	✓			두 수습 교사들이 수업 실연을 위해 서로 수업을 관찰한다.
직전훈련 맥 락	7	교 사 훈련가	수 습 교 사	✓			교사 훈련가가 진단과 조언을 목적으로 수습 교사 수업을 관찰한다.
교사연수 강사훈련 맥 락	8	지 도 교 사	교 사	✓	✓		훈련 중에 있는 지도 교사가 수업 행위를 확인하여 우선 순위를 매기는 등의 체계적인 훈련의 일환으로 수업을 관찰한다.
교사연수 강사훈련 맥 락	9	지 도 교 사	수 습 교 사	✓	✓		훈련 중에 있는 지도 교사가 연수 과정 중 수업 실연의 일환으로 수습 교사의 수업을 관찰한다.

그림 1.1 수업 관찰의 맥락과 목적

이 책이 도움을 주고자 하는 수업 관찰의 맥락은

- 예비 교사의 훈련;

- 학교 기반 교사 지원;

- 교사 개발;

- 지도 교사 훈련/개발

이들 맥락은 한 수업 기관 안에서 함께 발생할 수도 있다.

제1부 5. 과업을 어떻게 사용할 것인가?(37-49쪽 참조)에서, 위에서 언급한 다양한 집단의 사람들이 책을 어떻게 이용할 것인지에 대해 좀더 구체적으로 안내하고 있다. 우선, 이 다양한 집단의 광범위한 목적을 살펴보고, 이 책이 그들의 목적에 어떻게 부합하는지 살펴보자.

교 사

이 책은 기본적으로 교사들을 위한 책이다. 우리 생각에 이들은 수업에 대한 수습 단계와 수업 직전 훈련을 거쳤고, 이제는 언어 수업을 하고 있다. 이들은 아마 영어 교사('제2언어'나 '외국어'로서)나 현대 언어를 가르칠 것인데, 학습 대상이 어린이나 성인일 수 있고, 사립학교나 정부 기관에서 가르칠 수 있을 것이다. 목표 언어로 수업하거나(예를 들어, 영어 사용 환경에서 영어를 가르치는) 혹은 교실 밖에서는 목표 언어가 사용되지 않는 환경에서(예를 들어, 일본에서 영어를 가르치거나, 영국에서 프랑스어를 가르치는) 수업할 것이다. 사실, 이 책을 사용하는 데 있어, 언어 수업 환경이나 수업 경험은 걸림돌이 되지 않는다. 중요한 것은 교사가 수업에(특히 자신의 수업에) 관심을 가지고 있어야 하고, 또 언어 수업 교실에서 발생하는 다양한 수업 활동에 관심을 가지고 있어야 하며, 자신들의 관심과 선택의 영역 내에서 수업 능력을 신장시킬 수 있는 구조화된 과업(task)을 실행하는데 적극적이어야 한다.

이 교사들은 비공식적이든 혹은 공식적이든 수업 관찰에 참여하기를 희망해야 한다. 이들은 동료와의 협력에 적극적으로 참여할 것이다. 또 다른 측면에서 이들은 학교가 지원하는(학교 기반 지원에 대해서는 46쪽을 참조) 일에 체계적으로 임할 것이다. 다른 상황에서는 교사들이 동료 수업 관찰 프로그램에 포함된 과정으로서 현직 교사들의 연구 과정에 적극 참여할 것이다.

"언어 수업 관찰"은 다른 교사들의 수업 활동을 관찰하여 자신의 수업 능력을 신장시키거나, 끊임없이 자기 자신의 수업활동을 관찰하여 그것을 개선해가도록 자극하고 그 개선방법을 제공하는 데에 목적을 둔다. 수업관찰이 어떻게 교사 능력 개발과 연관되는지에 대한 정보는 23쪽과 37-40쪽을 참고하라.

수습 교사

교생 실습을 하면서 다른 언어를 가르쳐 보았거나 혹은 초등학교 교사로서 약간의 수업 경험이 있는 수습 교사들도 있을 것이다. 어떤 이들은 교사로서 교실 문에 한 발짝도 들여보지 못한 이들도 있을 것이다. 수업 경험이 있든 없든 모두 교실에서 교육을 받았기 때문에 일종의 기대감으로 수습 교사에 임했을 것이다. 의식적이건 무의식적이건, 혹은 두 가지 모두이건 그 기대감은 긍정적일 수도 있고 부정적일 수도 있다. 이런 것들이 수습 교사들에게 낙관적인 용기를 불어넣거나 신경질적인 불안을 조성할 것이다. 어떤 종류의 경험과 기대를 가지고 수습 교사가 수습 과정에 임하더라도 한 가지는 분명하다. 교실은 앞에 놓인 교수 학습의 기본적인 장소라는 것이다. 중요한 점은 이러한 경험을 교사가 되는 학습 과정에서 활용해야 한다는 것이다. 그러나 교실이란 많은 활동들이 겹쳐서 발생하는 복잡한 곳이다. 그 현상들을 인식해서 이해하기 위해서나 학습/교수의 과정을 관찰하여 어떤 이익을 얻기 위해서는 숙련된 눈이 필요하다. 이 책은 개인적으로 의미 있는 수업 관찰의 경험을 통해서 그 내용을 이해하고 그 관찰을 통해 깨달을 수 있는 숙련된 기능을 익히게 하는 것을 목적으로 하고 있다. 이 책의 과업은 동료 수습 교사나, 경험 있는 교사나, 지도 교사의 수업을 관찰할 수 있게 한다.

교사 훈련가

지도 교사의 과업은 수습 교사들이 언어 교수 학습에 포함된 다양한 과정들과 언어 교실에서 발생하는 일련의 복잡한 활동들을 이해하도록 하는 것이다. 그래서 교실이 수습 과정에서 핵심적인 역할을 해야 한다. 지도 교사는 수습 과정의 여타 활동들을 대체할 만한 교실 경험의 교두보 역할을 하고자 한다.

이 책에서 제시하는 여러 가지 과업들이 교사 훈련가들에게 다양한 훈련 프로그램의 한 방식으로 사용될 수 있을 것이다. 예를 들어, 모든 수습 교사들에게 동일한 과제를 수행하게 하여 그 결과물을 모두가 모인 자리에서 비교할 수 있을 것이다. 혹은 한 개인이나 집단이 과업을 수행하고 그 결과를 나머지 수습 교사들에게 요약 발표하도록 할 수도 있다. 또한, 이런 활동을 토론으로 발전시킬 수도 있겠다.

학교 기반 지원가

많은 교사들은 다행히도 다양한 학교 기반 지원 체계의 맥락에서 활동하고 있다. 지원 체계의 맥락에는 여러 가지 형식이 있을 수 있는데, 예를 들어, 코디네이터 체계에서는 코디네이터가 교사들이 교육과정의 교육 내용을 선정하는 것을 지원하거나 안내를 해 줄 수 있고 교사 개발 집단 전문 능력 개발 프로그램에 대해 선배 교사들이 책임을 지거나 수석 교사가 교사들의 기능을 신장시키는 데 도움을 줄 수도 있다. 이 책은 지원 체계에 의해 학교 기반 지원을 받는 사람들이 학습의 수단으로 수업을 관찰할 수 있도록 돕고자 한다.

간혹, 전문적인 개발 프로그램의 '전문가'가 학교에 한번 방문해서 강의하는 것으로 그치는 경우가 있다. 게다가 이러한 일회성 방문조차도 교실 수업에 대한 체계적인 조사와 그에 따른 결과 보고를 동반하지 않는 경우가 있다. 이런 식의 교사 개발 방식은 교사들의 수업 관찰을 하지 않고도 이미 수업 내용을 잘 알고 있다는 전제에 따른 것이다.

최근에는 교사 개발이 다른 방식이어야 한다는 인식이 광범위하게 퍼져 있다; 특히, 교사 개발이 교실 내에서 자기 스스로 유발되어야 한다는 인식이 주목받고 있다. 교사 자신들에 의해 교사 개발이 동기화될 때, 학교 기반 지원은 이런 노력이 교사들에게 가치 있고 의미 있는 일이 되도록 길을 열어주는 것이다.

지도 교사

경험 있는 교사가 지도 교사가 되는 것은 늘상 있는 일이다. 일반적인 시나리오는 한 교사의 지위가 경력에 따라서 높아지는 것이다. 교사되기를 준비하는 일처럼 지도 교사가 되기 위해 공식적이고 체계적으로 준비하는 과정이 중요하다는 것을 인식하기 시작한 것은 최근의 일이다(Wajnryb 1989). 어떤 면에서는, 이것은 영어 교사들의 전제 조건이 그 언어에 능통해야 한다는 잘못된 정보에 의한 믿음과 유사한 것이다.

지도 교사에는 최소한 두 종류가 있다: 훈련에 대한 역할과 책임을 준비하기를 원하는 경험 있는 교사; 체계화하여 자신의 훈련 경험을 넘겨주려고 하는 경험 있는 훈련가. 이 두 종류는 물론 서로 겹치는 경우도 있는데, 핵심이 되는 요소는 교실에서의 '현장 작업'이나 훈련 경험이다. 이 책은 지도 교사들이 교실에 대한 사람들의 이해를 강화하고 정련하는 데 사용될 것이다. 특별히 교사 준비의 관점에서. 이 책은 다음의 질문에 부합하도록 초점을 맞추었다. 즉, 사람들이 교사가 되려면 어떻게 해야 하는가? 어떤 교수 기능이 '훈련할 만'한가? 더 기능 지향적이 되도록 '교육할 수' 있는가, 다시 말해, 지식을 잘 이해하고 더 깨닫도록 할 수 있는가? 수업 관찰이 지도 교사들에게 어떻게 사용될 수 있는가?

3. 왜 이 책은 수업 관찰에 주목하는가?

왜 관찰하는가?

수업을 하다보면 가르치는 사람 혼자서 수업의 목적, 과정, 논리에 빠져서 수업을 통하여 일어나는 학습의 과정과 상호작용을 관찰할 수 없게 된다. 교실에서 교사보다는 수업 관찰자의 입장이 되어 본다면 우리는 보다 여유 있게 관심을 가지고 교사의 실제적인 수업 설계와는 다른 외부적인 관점에서 자유롭게 그 수업을 살펴볼 수 있게 된다. 지도 교사들에게 이 자유스러운 상태는 매우 중요하다. 어떤 면에서는, 훈련에서 이 과정은 초기 언어 학습자가 듣고, 살피고, 관찰하고, 생각해 보고, 분석하고, 반영하지만 '유의미하게' 반응할 필요가 있는 '침묵 국면'과 유사하다(Dulay, Burt and Krashen 1982). 이런 종류의 의사소통은 학습자에게 특별한 역할을 부여한다: 학습자들은 목표 언어를 듣고, 읽고, 목표 언어에 노출되지만 반응해서는 안 된다. 의사소통은 일방향이다: 학습자를 *겨냥하지만(to)*, *학습자로부터(from)* 산출되지는 않는다.

'침묵 국면'은 학습에 영향을 미친다. 무언가를 산출해야 한다는 압박이 모든 에너지를 한 방향으로 쏟게 한다는 점을 생각해 보면, 이 압박을 제거해 주면 어떤 자유를 얻게 된다: 관찰하고, 받아들이고, 반영할 수 있는 자유 말이다. 지도 교사가 수업을 관찰할 수 있으면 교사 역할의 활동적인 양상에 대해 파악하려고 하기 전에 그 교실의 문화와 − 교실의 관습, 의식, 기대, 유형 등등의 사안과 − 보다 친숙해질 수 있는 시간과 공간을 확보할 수 있다(Wajnryb 1991).

수업 관찰의 기능을 신장시키는 것은 두 가지 목적을 달성시켜 준다: 자신의 수업을 개선시킬 수 있는 수업 관찰, 분석, 해석 능력을 개선시켜 주며, 동시에 자신의 수업에 대해 좀 더 이해할 수 있도록 한다. 수업 관찰 기능의 신장은 교사들이 끊임없이 직면하게 되는 전문가적인 의사결정(decision-making)의 과정에 필수적이라는 것이 이 책의 기본전제다.

무엇이 수업 관찰 과업인가?

수업 관찰 과업은 학습이 진행되는 동안 수업을 관찰하면서 수행해야 할 활동에 초점을 맞춘다. 단지 몇 개의 교수나 학습에 초점을 맞추는 것으로 관찰자가 수업을 하면서 교사가 사용하는 언어나 수업 중에 드러나는 상호작용의 유형과 같이 실제적인 학습 활동에서 자료를 수집해야 한다. 관찰자는 혼자 수업을 관찰할 수도 있고, 다른 사람들과 함께 관찰할 수도 있다. 많은 관찰자들이 같은 이유로 각기 다른 수업이나 비디오나 수업 시연을 관찰할 수도 있고, 많은 관찰자들이 동시에 하나의 수업을 관찰할 수도 있다. 자료를 수집하는 목적은 나중에 분석하고 해석하기 위해서이다. 이런 과업이 어떻게 조직되는지는 제1부 4. 과업은 어떻게 조직되는가? 섹션 4(35-37쪽)를 참고하라.

왜 과업인가?

언어 수업에서는 많은 일들이 발생하기 때문에 관찰해야 할 것도 많다: 교수 행위와 학습 행위, 상호작용의 유형, 다른 학습 스타일, 집중 시간, 집단 활동의 유형 등. 학생이 질문하고 교사가 응답하는 것처럼 어떤 때는 발생한 일이 분명하다. 한 학생의 말을 일반화하고, 또 잘못된 반응을 하는 것처럼 어떤 때는 분명하지 않다. 가끔 원인과 결과의 연계가 직접적으로 보이지도 않고 재구성하기도 어렵다.

수업 관찰 과업을 사용하면 관찰자는 두 가지 중요한 도움을 받을 수 있다.

1. 관찰해야 할 시야를 제한하여 특정한 유형의 질문만 듣거나, 10분 동안에 이루어진 한 학생이 관심을 보이는 것들을 기록하거나, 비언어적 신호만 기록하는 등 한두 개 특별한 양상에만 초점을 맞추도록 한다.

2. 편리한 방법으로 자료를 수합하도록 하여 관찰자가 수업 진행 동안에 의견을 정형화하거나 현장에서 평가를 내리지 않도록 한다. 판단하고 해석하는 일은 자료 수합이 끝난 뒤에 이것을 근거로 수업이 끝나고 난 후 이루어진다.

이 책의 과업은 교사들을 위해 다음과 같이 고안되었다.

- 해당 교사의 실제 가르침에서 벗어난 관점에서 교실을 발견할 수 있는 '입구(way in)'
- 초점화되고 명확하게 수업을 관찰할 수 있는 방법
- 교수와 학습에 대하여 교실에 기반한 자료와 정보를 수합할 수 있는 수단
- 메타 언어 : 교실에 대한 언어와 교수와 학습과 관련된 다양한 과정에 대한 언어
- 교실의 실체성에 대한 더 나은 깨달음과 교실에 대한 토의와 반향으로 기여하게 될 정보와 경험의 집합체
- 관찰자 자신의 교실수업에 대해 좀더 풍부한 정보로 체계적으로 결정하는 것을 가능하게 하는 교수와 학습에 대한 전반적인 이해
- 자료를 해석하고 이해할 수 있는 기능의 신장
- 이론과 실제 사이의 관련에 대한 이해와 가르침에 대한 이론적인 지식과 교실에서의 개인적인 경험 사이의 관계를 의미 있게

연결할 수 있는 수단. 때로 이것은 교실에 대한 이론을 하향식으로 적용하는 것을 포함하기도 하지만 대개는 실제적인 것으로부터 발현되는 이론에 대한 인식이라는 점에서 상향식의 방식이다.

- 성숙한 존경과 지원을 토대로 한 동료간 연대감을 구축해 갈 수 있는 수단
- 교실을 언어 학습의 실험실로 보는 관점; 프로그램이나 이론이 데이터에 따라 처리되는, 즉 가르침에 대한 원칙에 입각한 접근; 입증되지 않은 주장에 대한 건전한 회의론적 태도

이론적 토대

언어 수업 관찰 (Classroom Observation Tasks)은 교사들이 수업 관찰을 통해 수업 능력을 배우고 신장시킬 수 있는 학습 도구로 만들 수 있도록 구체적인 자료들을 제공한다. 다음은 이들을 정리한 이론적인 틀인데, 가장 잘 정리된 안내 지침들이다. 다음 다섯 가지의 제목으로 항목화할 수 있다.

1. 교사 개발 모델
2. 도움의 근원
3. 교실의 중요성
4. 수업 관찰 기능의 '훈련 가능성'
5. 과업-기반 경험의 중요성

1) 교사 개발 모델

이 책에서 교사 개발 모델을 위해 고안된 교사 유형은 반영 전문가(the reflective practitioner)이다(Schön 1983; Richards and Nunan 1990; Bartlett 1990). 다시 말하자면, 자신이나 다른 수업의 교수와 학습 과정을

이해하려고 관찰하는 것이 자신들에게 어떤 가르침을 주는지 잘 알아차릴 수 있는 교사이다. 이 모델에는 다음과 같은 핵심 요소들이 있다.

a) 이 책은 '결손(deficit)' 전제가 아니라 '자산(asset)' 전제에 기반하고 있다. 이 책이 기반으로 하고 있는 전제는 많은 교사들의 경험으로 입증된 것이다. 교사들은 많은 기능과 경험을 통해 개발을 도모할 것이다. 또한 학습 과정은 수동적이 아니라 능동적이다 : 교사들은 능동적으로 반영하고 탐구하는 편이며, 직업적으로 평가하고 답을 제공하는 누군가에 '의해' 개발되지 않는다(Richards 1989).

b) 능동적인 참여와 관련한 이 개념은 *개인적인 의미의 구축으로서의 학습 개념*이다. 이 학습의 관점에서, 교사들은 가르침에 대한 새로운 정보와 지식을 습득 자체에만 의존하여 학습하지 않고, 새로운 아이디어를 과거 경험에 비추어 생각하고, 자신의 사고에 적합하도록 검토한다. 그러므로 새로운 정보는 창조적이고 역동적이고 개인적으로 수용되는데, 이것은 각자 정보를 받아들이는 과정이 다르다는 것을 의미한다. 그러므로 교사가 학습하는 방식은 지도 교사에 의해 미리 정해질 수 없다. Freeman(1989)은 강의가 효과적이기 위해서는 강의가 훈련 받는 이들에게 '과정 중에 있는 학습자로서 개인적 기반과 평가를 통해 그 자료에 참여할 수 있는 기회'를 제공해야 한다고 주장한다(Freeman 1989).

c) 개인적인 의미의 구축이라는 개념을 따를 때 중요한 점은 교사 자신이 자기 개발의 기본적인 리더라는 점이다. 탐구에 관한 영감, 자기 자신의 교수법에 대한 반성, 다른 교수방법에 대한 탐구는 보통 교실 수업을 실행하는 교사 자신에 의해 이루어진다. 이들은 객관적인 판단 도구를 사용하여 교실 수업을 평가하는 외부의 어떤 요구에 영향을 받지 않는다. 해당 교사 스스로가 결정하는 사람이고, 자신의

종료점이나 예상되는 산출물을 결정한다. 대개 모든 성인 학습자들은 지원자의 역할을 할 수 있다. 방향을 결정하고 장려하는 동기가 자기 자신, 교사-학습자에게서 비롯된다.

d) 그러므로 교사 교육의 보다 큰 목표는 자기 개인의 문제를 존중해야만 하고, 그 목표는 의존성이 아니라 교사의 자율성(teacher autonomy)을 지향해야만 한다. 자연스럽게 이 교사 개발 모델에서는 교사 교육자들이 어떤 틀이나 하향식으로 지시하는 방식을 제공할 수 없다. 이런 방식은 교사들의 자율성을 가로막을 뿐만 아니라 교육에서의 변화에 대한 책임을 교사들에게 전이하는 경향이 있다. 게다가 하향식 지시 방식은 교사들이 단순한 수준의 추론 학습 기능을 발전하도록 하는 것 외에는 다른 어떤 의미있는 대답도 할 수 없게 하는 방식이다(Richard 1990).

교실에 대해 연구를 하면 할수록 교사들의 준비가 고차원적인 의사판단(예를 들어, 국부적이거나 전체적인 학습자 오류에 대한 해석 기능, 어떤 때 옳고 어떤 때 그렇지 않은지에 대한 판단 기능 등)뿐만 아니라 강의 언어나 발문과 같은 단순한 수준의 기능을 포함하고 있다는 사실을 존중하게 된다. 후자는 매우 추상적이고 개념적이고 복잡해서 쉽게 학습되지 않는다. Richards(1990)는 이것이 교사 교육에서 해결해야 할 딜레마라고 인식했다. 즉, 단순한 수준의 교수 기능의 모임이 왜 필연적으로 좋은 교수로 귀착되지 않는가라는 사실을 어떻게 처리해야 하는가? 그는 교사 교육에서 전체적인 접근과 원소론적인 접근의 조화를 요구했는데 그는 이것을 각각 거시적인 관점과 미시적인 관점이라고 불렀다. 이 책은 교사 교육의 이 모델에 따라서 교사들에게 과업을 통해서 수업을 관찰하고, 자신들의 학습을 조정할 수 있도록 안내하는 것을 목표로 하고 있다.

2) 도움의 근원

이 책을 떠받치는 두 번째 전제는 교사 훈련가 혹은 교사 개발자와 교사 사이의 관계가 서로 도움을 주는 조력자이며, 이러한 관계는 양자 사이에서 가장 자주 지각된다는 점이다. 앞서 지적한 것처럼, 교사를 결함이 있거나 수동적이고 종속적인 역할을 하는 사람, 교사 훈련가/개발자를 전지전능하거나 간섭하는 사람으로 보는 것은 적절하지 못하다. 이런 식의 전통적인 역할 관계는 수많은 맥락에서 존재한다. 대개 교육을 받는 입장인 초임 교사는 '베테랑' 수업자의 지혜를 수용하게 된다. 또 다른 맥락에서는 이 초임교사들은 최근 교수 학습법에 대한 연구결과를 수용하였을 것이다. 각 경우에 있어 해당 정보가 한 방향으로 전해진다. 역할 관계에 대한 논의는 필연적으로 '도움의 근원'에 대한 의문을 제기한다. 앞서 지적했듯이, 틀을 제공하고, 아래로 지시하며, 교사들이 아니라 교육자에게 변화에 대한 책임을 부여하는 경향은 자율성의 길을 가로막는 것이다. '학습된 도움(learned helpness)' (Abramson, Seligman and Teasdale 1978)을 위해서는 교사개발에 참여한 교사들을 격려해야 한다.

Fanselow(1990:183)는 이른바 '도움이 되는 처방'을 '상위의 위치에 있는 이에게 지시를 받는 하위의 위치에 있는 이로서의 수용자는 쉽게 "왜라고 의심을 품지 않는 사람들"의 신드롬으로 발전하기 때문에 탐구를 멈춘 것'으로 보고 있다. 교육자에게는 교사들과 상호작용을 할 수 있도록 많은 기회를 살피는 것이 필요하다. 사람들에게 정보의 조립식 꾸러미를 제공하는 것은 Freire(1970)가 지적한 것처럼 필연적으로 압제적이 될 수밖에 없다. 왜냐하면 이런 식의 학습에는 개인화된 의미의 구축이 포함된다는 사실을 설명할 길이 없기 때문이다. 실로, 학습자와 돕는자의 역할에는 어떤 모순이 존재하는데, 이것은 학습 과정이 성공적이라면 극복될 수 있는 모순이다.

전통적인 '돕는자'와 '수용자'의 역할에 대해 우리는 협력자와 조언자 (collaborative and consultative)의 역할 관계를 추구한다. 교사는 언어 교실에서 공동 조사자와 공동 탐구자로 간주된다. 돕는자의 역할은 질문이 있을 때는 우선순위의 식별이나 학습의 자원을 제공해 주면서 보조해 주는 학습을 안내하는 촉진자이다. 이때, 필연적으로 반응을 하지만 주도권을 쥐거나 방향을 좌지우지하지는 않는다. 돕는자가 교사에게 반응하는 역할 중 중요한 부분은, 질문을 하는 교사들이 학습 스타일을 조정하고 관점을 형성할 수 있다는 것을 염두에 두어야 한다. 교사들은 점진적으로 언어 학습자들의 학습 스타일을 인식하여 조정해야 할 필요에 민감해지므로, 교사교육자 역시 교사들의 학습 스타일에 민감해야만 한다. Gebhard(1990)은 선택 가능한 다양한 스타일을 제시하고 있다. 교육자는 사려 깊게 이들 중에서 선택해야 하며, 항상 지시가 얼마나 해를 끼칠 수 있는지를 고려해야 한다.

협력적인 관계가 항상 쉽게 형성되는 것은 아니다. 때로는 돕는자들이 전통적인 지배역할을 쉽사리 버리려고 하지 않기 때문이다. 때로는 교사들이 학습자로서 적극적이고 독립적인 역할을 취할 준비를 하지 못하기 때문이기도 하다. 어떤 이들은 의존적으로 제약을 당할 때 편안함을 느끼기도 한다. 많은 이들이 학습자에게 '당연히 발생할' 수 있는 이전의 교육적인 맥락에 의존하여 기대를 구축하는 경향이 있다. 이러한 경향은 때로 무의식적으로 생기기도 한다. 교사 교육자들은 다른 학습 스타일이 있을 수 있다는 사실을 인정해야 한다. 협력적 모델은 성인 교육의 주된 이론적 흐름과도 일치하는데, 여기서도 학습 경험의 자발적 본성이 핵심 요소이다. 가장 중요한 원리는 학습자들에게 학습 과정과 결과에 대한 스스로의 책임이 요구된다는 점이다.

이 책의 발견 지향과 탐구 기반 정신은 교사 개발 수단으로서 주도권과 동기화가 필수적으로 '상향식(bottom-up)'으로 작동하도록 구축하는 것을 목표로 한다. 전문적인 자기 성장을 위해 다른 이들의 수업을 관찰하면서, 교사 교육에 포함된 사람들의 관습적인 권력 기반에서는 살짝 비켜나야 한다. 전문적인 개발 방향에 대해 외적으로 부과된 결정에 의존하기보다 어떤 점에 초점을 맞출 것인가에 대해 교사들 스스로가 선택할 수 있어야 한다. Fanselow(1990:184)는 수업 관찰을 발견과 자가-지식으로의 여행이라는 아름다운 이미지로 제시한다. 다음을 살펴보면, 학습자로서의 교사를 경험의 중심에 배치하고 관습적인 외적 도움에 대해서는 거의 조망을 하지 않고 있다.

> 지금 나는 너와 너의 행동들을 살펴볼 내 렌즈를 끼고 있다. 그렇지만 너를 내 렌즈로 바라보기 때문에 나는 너를 일종의 거울로 생각한다. 나는 네 안에서 내 가르침을 통하여 자신을 보길 희망한다. 내가 나 자신을 볼 때, 내 가르침과 거리를 두기 어렵다는 것을 발견한다. 나는 내 목소리를 듣고, 나는 내 얼굴과 의복을 보고, 내 가르침을 보는 데 실패한다. 너를 보는 것은 나를 다르게 보는 것을 허용하고 우리가 모두 사용하고 있는 다양함을 탐구하도록 허용한다.

교사 개발의 과정에서 도움의 본질에 대해 분석하면서 이 개발의 장기적인 안목의 목표가 무엇인지를 마음에 새길 필요가 있다. 필수적으로 이 과정은 독립적인 교사들이 독립적인 결정을 내릴 수 있도록 성장을 조장하는 것이다. Richard의 견해(1990)에 의하면, 이것은 교사들이 결정을 내리고 교실 수업에서 요구와 필요에 효과적으로 반응하는 매우 수준높은 고등 추론(high-inference)을 수행하는 기능으로, 지금 여기에서는 예측을 할 수 없다. 전문성 개발의 단기 목표와 장기 목표를 고려해 보자면, '준비하기(equipping)'와 '실행하기(enabling)'라는 Prabhu의 개념(1987a)이 적절할 것이다. '준비하기'는 교사들에게 즉시 사용하기 위한 기능과 지식을 제공하는 것이고, '실행하기'는 교사들에게 미래의 전문적인 요구에 반응하면서 필요한 능력을 제공하는 것이다. Prabhu의 비유와 Richards의 교사 기능에 대한 층위(1990)를 연결하여 보면, '준비하기'가 단순한 추론 교사 기능에 대한 비유라면, '실행하기'는 비교적 고등 추론의 기능에 해당한다. 확실히, 수업 과정의 이해에 대한 조사와 탐구는, 이 책의 의도이기도 한데, 우리가 동의하는 장기간의 '실행하기' 과정에서 중요한 단계이다.

3) 교실의 중요성

이 책의 기저에 있는 세 번째 주요 개념은, 모든 교사 준비나 개발의 프로그램에서 교실의 기본성이다. 이것은 언어 수업의 변화를 주도할 근본적인 이는 훈련가나 개발가가 아니라 교사이며 교사의 근본적인 장소는 물론 교실이라는 관점이다. 이곳이야말로 경험의 기반이고 성장이 영향을 미칠 곳이다. 이 언어 교실이 기본적인 *정보의 근원(source of information)* 으로 이를 통해 교사들이 무엇이 교수와 학습을 효과적으로 만드는지에 대해 자신들만의 개인적인 철학을 개발한다. 교실은 교사들이 자신들의 전문적인 역할과 책임에 대해 발견하게 될 영역이기도 하다. 이 책의 과업은 확고하게 교실 맥락 안에 닻을 내리고 있고, 교실이 교사들에게 친숙하고 편안하고 안전한 환경이 되도록 하는 것을 목표로 하고 있다. 교사들이 개인적으로 자신들에게 의미 있게 될 경험과 이론 모두를 끌어내게 될 장소도 바로 이곳, 교실이다.

4) 수업 관찰 기능의 '훈련 가능성'

이 책의 주요한 전제는 수업 관찰 기능이 완전히 직관적이지 않고 학습 가능하다는 것이다. 이 책은 수업 관찰에 참여할 수 있는 교실 과업에 일련의 초점을 두는 것을 통하여 이 학습을 구조화하고 초점화하는 것을 목표로 한다.

넓게 보자면, 이 과업들은 수업 관찰의 힘을 심화시키고 정련함으로써 교사들의 비판 능력 성장을 안내할 수 있도록 고안되었다. 이것은 분석, 해석, 그리고 자기 평가의 기능을 구축하는데 견고한 바탕이 될 것이다. 이 기능들은 교사들이 바로 자신들의 교실에서 무엇이 진행되고 있는지를 분석할 수 있는 능력과 분명하게 연계되어 좀더 전문적인 결정을 하는데 도움을 주게 된다. 물론 각자 나름의 배경을 가지고 교실에 임한다. 우리 모두도 이 관점으로부터 우리 삶 모두가 이미 경도되어 왔다. 어떤 교사이든 현재와 과거 모두의 교수와 학습 경험으로부터 많은 기대를 가지고 예상을 하면서 언어 교실에 참여한다. 어떤 연구에 의하면 교사 가르침의 많은 부분이 자신의 학습 경험으로부터 기인하며, 이러한 '칠판 뒤의 망령'(ghosts behind the blackboard)은 그것에서 벗어나게 될 때에서야 비로소 확인된다(Weintraub 1989; Tyler 1989 참조).

암묵적 추정과 직면하고 교사의 기대를 말로 표현하는 것은 관찰 기능을 맡음으로 인해 발생하게 되는 것이다. 예컨대, 교사는 그룹활동 준비 혹은 오류 처리 방법이 성공적이며 효과적이라고 추정할 수 있다; 그는 다른 교사들이 교실에서 비슷하거나 다르게 행동하는 것을 관찰함을 통해 말로 표현되지 않은 이러한 추정들과 직면할 수 있다. Fanselow(1990)가 설명한 것과 같이 관찰을 '거울' 도구에 비유한 것과 일치한다.

흔히 교사 개발에 대한 결정적인 지적은 관례적인 행동들에 대해 의문을 제기하는 것이다(Maingay 1988). Maingay는 관례적인 교사 행동을 다음과 같이 묘사한다.

> 무의식적인 교수법, 다시 말하자면 …… 배경이 되는 원리로부터 단절된 교수법; 그것은 …… 순전히 모방적이거나 …… 왜 그가 그러한 방식으로 가르쳐야 하는지에 대해 교사로서 더 이상 의식하지 않는 패턴으로 고정되었다. (1988:118-9)

관례적 교사 행동은 '원리나 배경이 되는 교수법 행위', 즉 '교사들이 인식하고 있는 원리에 의한 교수법'(같은 책:119)과는 대조적인 것이다. 이런 관습적인 행동은 집중적인 단기과정 수습 단계에서 학습된다. 이 단계에서는 곧 무언가를 수행해야 하는 시간의 압박 속에서 수습 교사들로 하여금 관습적인 행위를 그에 대한 충분한 이해 없이 학습하도록 하는 속성 학습 전략을 택하게 한다(Gower 1988). 마찬가지로, 수습교사들은 충분히 살펴보기 전에 '수행'을 해야 한다는 조급함을 느낀다. 관습적인 행동은 수습 교사가 생존을 위한 기능과 전략을 찾아 헤맬 당시에는 확실한 안전감을 보장해 준다. 이렇게 되면 원리에 기반한 기법은 무시되고, 기법이 결과적으로 말뿐인 관습적인 행동으로 반복되어 재실행되는 위험을 낳는다. 관습적인 행동의 또 다른 이점은 교사들이 해당 수업의 다른 측면에 대해서는 관심을 두지 않는다는 점이다. 관습적인 행동 수준에서 전략을 익히게 되면 직접적인 생존과 관련없는 요소들에 대해서는 일종의 자유로움을 느낄 수 있게 된다. 반사행동적이거나 관습적인 행동의 목록을 가진 해당 교사들은 어떤 의미에서 자신들의 교실에서 행해야 하는 수많은 사소한 결정을 내려야 하는 부담감을 느끼지 않는다. 또한 원리에 의해 지각 있는 행동으로 학습된 내용조차도 관습적 행동의 습관적이고 반복적인 과사용을 통해 관습적인 행동으로 '쇠퇴'(degenerates)하는 일이 흔하다. 그래서 어떤 관습적인 행동들은 필수적이기는 하지만 이것들이 교수법 행동으로 미리 만들어져 화석화되기 전에 관습적인 행동들을 막도록 재평가할 필요가 있다. 이를 위한 핵심적 방법은 동료 관찰이다. '교사에게 그런 행동들을 경고하고 그 교사가 관습적인 행동이 되어버린 것들에 대해 정규적으로 살펴보도록 일깨워주는 것은 관찰자의 역할이다'(같은 책: 127).

지도 교사 훈련이 직원 개발의 탁월한 수단으로 역할을 할 수 있는 이유는 교사들로 하여금 자신의 교수법에 대해 반성하고 새로운 활력을 불어 넣어 줄 수 있도록 하여 궁극적으로는 자신의 교수 행위를 면밀히 검토하게 하기 때문이다.

반성하고 재검토하는 과정은 교사 개발이 이루어지는 자원이다. 반성하고자 하는 의지와 굳어진 전제에 맞서고자 하는 의지는 물론 전적으로 내적인 자발성을 띠어야 하고 외부적인 압력에 의한 것이어서는 안 된다. 이것은 잘못해도 손해보지 않는 지원적인 전문적인 맥락에서 가능하다. 해당 지도 교사는 이 맥락에서는 자기 발견이 안전하다는 것을 확신시켜야 한다.

5) 과업 기반 경험의 중요성

이 책의 다섯 번째 전제는 교사들의 준비와 개발에 있어서 경험의 역할이다. 능동적으로 학습 과정에 참여할 때 누구나 가장 잘 배울 수 있다는 점에 대해 이견을 제기하는 사람은 없다. 능동적인 참여는 여러 가지 형태로 나타날 수 있다: 행동하기, 생각하기, 반응하기, 흡수하기, 관찰하기, 반영하기, 준비하기, 고려하기, 적용하기, 분석하기, 듣기, 선택하기, 우선순위 매기기, 등급 매기기, 해석하기, 완성하기, 비교하기, 재배열하기, 평가하기 등등(Ellis 1990). 이 책에서 제시하는 과업은 능동적인 참여를 가능하게 하는 비결이다. 과업 기반 학습의 많은 양상들에 대해 살펴보자:

a) 과업은 수업 관찰 과정을 *개인화(personalised)*한다: 과제는 관찰자에게 개인적인 경험을 토대로 참여할 수 있는 기회를 제공한다. 과정에 '자기 투사(injection of self)'를 하는 것은 관찰자에게 관찰하고 있는 수업 방법과 마찬가지로 자신의 수업 방법에 대해 반영하고 탐구할 수 있게 한다.

b) 과업은 학습을 *생산적이게* 한다: 다시 말해, '이러한 교육 과정은

내용과 함께 특정한 맥락을 넘어 계속해서 해결책을 생산할 수 있는 사고방식을 가르친다는 점에서 엄밀하게 생산적이다……'(Freeman 1989). 이 말은 교사의 개발이 자율성을 띤다는 의미를 가지기 때문에 중요하다: '그래서 그는 사고방식을 훈련가나 교육자가 설정한 장면을 벗어난 다른 맥락에 적용할 수 있다'(Freeman 1989:37).

c) 이 과업은 또한 필수적으로 *탐구 기반, 발견 지향적, 귀납적, 그리고 잠재적으로 문제 해결적이다.* 예를 들어, 교사들은 자신들에게 미리 주어진 해결책의 꾸러미 대신에 자기 자신의 경험에 기반하여 수업에 대해 이해할 수 있게 된다. 직접적인 대답 대신에 과업은 교사들 사이에서 논리적인 토의나 토론을 유도한다.

d) 마지막으로, 과업은 교사들에게 경험과 이해를 구축하게 하는데, 이것들은 자신들의 수업이나 교실 상황의 결정 내리기에서 *자원기반 (resource base)*을 제공한다. 이런 관점의 수업 개발은 개발을 교사들 자신들의 탐구에 의해 동기화되고 그 교사들이 교실 문제 해결책을 찾는 것에 의해 길러지는 지속적인 과정으로 본다. 그래서 수업 경험이 없는 교육 실습생들에게도 훈련 과정에 개인적으로 의미 있는 자료를 동원한 동료 관찰 프로그램을 적용할 수 있다.

4. 과업은 어떻게 조직되는가?

이 책의 과업들은 다음과 같은 장으로 묶여 있다.

1. 학습자
2. 언어

3. 학습
4. 수업
5. 지도 기능과 전략
6. 수업 관리
7. 수업자료와 자원

각 과업은 중심 초점들을 다루고 있다: 예를 들어, 4번 수업의 경우 다루어 지는 영역들로는 수업 활동의 유형; 수업 내에서의 지시의 변화; 수업 이정표; 수업의 시작과 맺는 방식 그리고 수업 중단의 경우 등을 망라하고 있다. 각기 다른 초점이 있는 이러한 범주화는 책의 목차를 결정하고 이 책을 쉽게 이용할 수 있도록 해 준다. 그렇다고 각기 다른 양상을 띠는 수업 행동들이 이처럼 엄격하게 하나로만 초점화된다는 것을 의미하는 것은 아니다. 실제로는 어떤 구체적인 수업 양상은 두 가지 혹은 그 이상의 다른 각도에서 접근 가능하며, 그러므로 한 가지 이상의 초점 영역에 해당될 것이다. 어떤 사례들은 다양한 가능성을 제공한다. 학습자 오류와 같은 주제는 '언어' 혹은 '교수 기능과 전략' 혹은 '학습자' 혹은 '수업 경영'의 측면에서 접근될 것이다. 이 책에서는 지면의 제약 때문에 각 화제를 모든 가능한 관점에서 철저하게 다루지 못했다. 이 과제들을 제시된 순서에 따라 선택하지 말고 교사들의 요구와 관심에 따라 선택하기를 바란다. 이 책의 뒤에 실린 가나다 순서의 과업 색인을 활용하면 초점화된 영역을 뒤적이지 않고 특정 과업을 직접 찾을 수 있다.

각 과업은 어떻게 조직되었는가?

사람마다 과업에 접근하는 이유가 다르고 마음에 품은 목적이 다를 것이다. 그러나 이 과업들은 전형적인 틀에 따른다. 시작 부분에는 초점화된 수업 행동의 각 양상에 대해 간단한 *배경(background)* 설명이 있다. 이어 *목표(objective)*에 대한 서술이 따른다. 여기에서는 각 과업의 목적이 무엇인지, 의도하고자 하는 결과가 무엇인지에 대해 쓰고 있다. 그리고 *절차(procedure)*에 대한 부분이 있다. 이 부분은 세 가지 국면으로 나뉜다: 수업 전, 수업 중, 수업 후.

전형적으로, *수업 전(Before the lesson)* 국면에서의 지시는 교사와 접촉하기, 학습 계획을 개관하기, 자신을 학습의 양상과 친숙하게 만들기 등과 같은 몇 가지 예비 활동을 다룬다. 가끔은 활동을 이끄는 지시 내용 쓰기와 같은 방식의 준비를 요구하기도 한다.(그래서 *수업 중(During the lesson)*에 자신이 쓴 지시 내용을 수업 중 교사의 지시 내용과 비교할 때도 있다.)

수업 중*(During the lesson)*에는 과업에 해당하는 자료를 수집하도록 요구하는데 이것을 쉽게 하도록 격자나 표가 제공되기도 한다. 아이디어가 명료해지도록 가능한 예들이 주어지기도 한다.

*수업 후(After the lesson)*는 토의, 분석, 해석을 위한 시간이다. 다시 한번, 이것이 어떻게 수행되는가는, 크게 보자면, 발견된 학습/교수 맥락에 의존한다. 물론, 모든 질문에 대해 답을 하도록 요구하지 않고 모두에게 같은 정도의 집중을 요구하지 않는다.

각 과업들은 틀은 동일하지만 틀 안에서의 강조점(emphasis)은 각기 다르다. 때로는 그 강조점이 자료 수집 과정에 놓이기도 한다. 어떤 경우에는 과업을 이끄는 학습 요소(issues)를 살피는 데 놓이기도 한다. 또 다른 경우에는 그 강조점이 수업 후 국면에서 분석하고 토의하는 데 놓이기도 한다. 과업을 사용하기 위한 좀더 구체적인 안내는 다음 부분에서 찾을 수 있다: 과업을 어떻게 사용할 것인가

5. 과업을 어떻게 사용할 것인가?

이 부분은 이 책을 사용하는 다양한 집단을 위한 안내를 제공한다. 활동하게 될 집단과 맥락은 '2. 이 책은 누구를 겨냥하는가?'에 명시되어 있다.

교사 개발 맥락

교 사

아래는 교사들이 이 책에 있는 과업을 사용할 몇 가지 전형적인 시나리오를 제시하고 있다.

시나리오 1

당신은 자신의 교수에 대해 간절히 알고자 하며 일반적으로 당신이 어떻게 가르치는지에 대해 좀더 알기를 원한다. 당신은 동료를 당신의 수업에 불러들여 예를 들어 질문을 사용하는 방식, 수업 내내 주목을 하는 범위, 칠판 사용법, 수업 동안의 상호 작용의 패턴 등과 같은 특정한 자신의 교수 양상에 대한 자료를 수집해 줄 것을 요구한다. 당신의 관찰자는 합의된 시간에 그 합의된 관점에서 당신의 수업을 관찰한다. 그런 후에 당신과 관찰자는 함께 나누고, 수집된 자료 또한 당신이 가르칠 때 무슨 일이 일어나는지에 대해 좀더 알 수 있도록 도움을 줄 것이다. 이 상황에서는 해당 교사가 무엇이 관찰 될 것인지에 대해 명확하게 규정하는 것이 중요하다. 그래야 해당 교사가 그 경험을 자신의 것으로 만들 수 있다.

시나리오 2

한 무리의 교사들이 예를 들어, 다중 언어 교실에서의 상호작용 패턴; 남녀공학 교실에서 교사의 관심 범위; 질문 유형별 학생 반응에 대한 효과와 같은 교실 활동의 특정한 형태에 대한 실행 연구 조사 프로그램에 가입하여 참여하기를 원한다. 당신들은 자료를 수집하여 기록하기 위해 합의된 방법에 따라 각각 서로 다른 교사들이 관찰하기 위한 여러 개의 수업들을 선택한다. 실제적인 수업 관찰과 별개로 이런 프로그램들은 공유된 목표의 확립, 과업의 할당, 시간의 틀과 가이드라인의 틀 설정 등을 위한 예비 모임을 요구하고; 디브리핑이나 빈약한 자료, 발견한 것에 대한 분석과 해석을 위한 후속 회의 등을 요구한다. 대개 집단 구성원이 아닌 외부인에게 - 아마도 학교 기반 교사 지원에 포함된 사람 - 작업 집단의 방향을 주도하거나 조정하도록 부탁할 수도 있다.

시나리오 3

두 교사가 특정한 자신들의 수업 양상을 살펴보기 위해 서로의 수업을 관찰하기로 결정한다. 그런 후에 수업 후 만남을 통해 두 교사가 관심 있는 영역에 대한 의견이나 생각을 나눈다.

이 세 가지 시나리오는 수업관찰을 위해 존재할 수 있는 다른 목적들의 범위를 나타낸다고 할 수 있다. 그러나 약간의 길잡이가 되는 원리들은 모두에게 공통적이며 모두들 그것을 명심해야 한다.

수업 관찰을 위한 몇 개의 길잡이 원리들

1. 관찰자들은 수업을 관찰하는 모든 경우에 필수적으로 수반되는 잠재적인 취약성에 대해 지속적으로 민감한 의식을 가지고 있어야

한다. 어떤 교사가 교실 문을 열고 방문자들을 환영한다면, 그 방문동기에 대한 기본적인 믿음과 전문적인 윤리가 그 환영에 수반된다. 이것은 반드시 존중되어야 한다.

2. 방문자의 출현은 필연적으로 수업의 역동성에 영향을 미친다. 관찰자는 침해를 최소화하도록 모든 노력을 기울여야 하고, 자료로부터 결론을 이끌어 낼 때 이 요인을 감안해야 한다.

3. 관찰자들은 해당 수업의 관찰로부터 얻은 자료의 샘플이 필연적으로 제한적이고, 그래서 일반화하는 것을 자제해야 한다는 것을 인식할 필요가 있다. *그 (관찰된 특정) 수업 시간에 무슨 일이 일어났는가(what happened in the lesson)*에 대해 이야기해야지, 일반적인 수업 시간에 무슨 일이 일어나는가(what happens in lessons)로 부당하게 도약하는 것을 삼가야 한다. .

4. 때로는 해당 과업을 관찰하기 위해 관찰의 대상이 되는 교사와 약간의 예비적인 협력이나 협동이 필요할 수도 있다. 예를 들어, 과업 5.4, *지시하기(Giving instruction)*에서 당신은 해당 교사가 의도하고 있는 심화된 강의 계획을 미리 볼 필요가 있다. 그러나 다른 경우에는 자료의 '오염'(contaminating) 가능성 때문에 해당 교사가 관찰의 중심 포인트를 알려주지 말아야 한다. 예를 들어, 만약 교사가 사전에 그들의 '반향(echoes)'이 기록될 것이거나 혹은 그들의 질문이 철저하게 조사될 것이라는 것을 알게 되면 이 선지식은 수업 동안 그들의 언어에 영향을 줄 것이다. 이 숨김의 요소는 연구 방법에서도 행해져서, 이러한 일들이 신중함과 전문성을 가지고 행해지도록 한다.

5. 위의 예방이 방법론적인 타당성을 위해 필수적인 반면, 관찰된 교사에게 어떤 경우든 그 수업에 대해 후속 토의를 하게 될 것이라는 확신을 주는 것은 인간적이고 전문적인 측면에서 중요하다. '경험의

자기화(ownership of experience)'라는 문제는 매우 중요한 것으로 민감한 자각을 요구한다. 모든 관계자 즉, 교사, 관찰자, 학습자, 동료, 튜터 등에게 그 경험이 유의미하고, 보람있고, 위협적이지 않아야 한다는 것을 주지시킬 필요가 있다.

사전 연수 맥락

수습 교사

이 책을 어떻게 사용할 것인가는 크게보면 당신의 훈련/학습/교수 맥락에 달려 있다. 몇 가지 가능한 시나리오를 살펴보자면 다음과 같다.

시나리오 1

훈련 과정 실습 모듈의 예비 작업으로서 정해진 기간 동안에 많은 수업들을 관찰하도록 요구받는다. 이 '침묵 국면'이나 워밍업 기간은 당신에게 점잖고 위협적이지 않은 방식의 교실 문화를 소개하기 위해 고안된 것으로 이를 통해 이제 당신에게 자연스러운 삶의 공간이 될 교실에 대해 편안하게 느끼기 시작하도록 하기 위한 것이다! 이 책은 당신에게 처음에는 매우 친숙하지 못한 영역을 깨닫는데 도움이 될 수 있는 구조와 안내를 제공할 것이다. 당신의 지도 교사나 지원 교사들은 학습 과제들을 선택하고 조종하는 안내를 할 것이다.

당신은 관찰 후에 여러 가지 방식의 후속 활동을 할 것이다: 관찰의 대상이 된 교사와 모임을 통해서; 혹은 동료 교생들과 경험과 자료를 통합하기 위한 모임을 통해서; 또는 지도 교사가 주도하는 그룹별 지도를 통해서 후속 활동을 하게 된다.

시나리오 2

수업 관찰 과제가 당신의 훈련 프로그램에 긴밀하게 통합되고, 지도 교사나 협동 교사들이 관찰을 해야 할 일련의 수업에 대한 특별한 주제와 기능을 선택한다.

시나리오 3

당신이나 훈련 받는 소수로 구성된 작업 집단이나 혹은 교수 연습 집단이나 개별 지도 맥락에게 과업을 선택할 수 있는 기회가 주어진다. 당신은 수업의 어떤 양상에 대해 더 알아야 하는지 고려해야 할 것이다. 선택한 과업에 대한 영감은 당신이 연습하고 있는 워크숍이나 강의로부터 주어질 것이다. 예를 들어, 시간과 함께 추출하는 기능들, 당신은 이런 목적으로 수업을 관찰하기를 바랄 것이다. 이런 경우에 당신은 *5. 지도 기능과 전략*에서 '발문(eliciting)'을 발견하거나 혹은 직접 이 책의 뒤에 있는 과업 인덱스에서 발견하게 될 수도 있다.

수업을 관찰한 후에 피교육생들은 개별 교사를 만나서 수집한 자료에 대해 토의할 것이다.

시나리오 4

자신의 수업을 관찰받게 되면 당신은 교실 공간과 교사의 움직임에 대한 사용 가능성에 대해 좀더 자각하게 될 것이다. 그래서 이 영역과 관련된 과업을 찾아내려 노력할 것이다. 그런 다음 당신은 좀더 경험 있는 교사의 수업을 관찰해서 이 특별한 교수의 양상에 대해 자료를 수집할 것이다.

지도 교사

수행과 관찰

언어 교사 직전 훈련 과정의 중요한 요소는 교생들이 개인적인 수업이나 때로는 공유된 수업 내에서의 교수 훈련이다. 교수 훈련의 국면에서 초점은 보통 교사의 수행에 놓여진다. 이 책은 초점을 교수의 수행 요소로부터 벗어나 수업의 관찰에 둔다. 직전 훈련에서 관찰의 중요성에 대해서는 '3. 왜 이 책은 수업 관찰에 주목하는가?'에서 논의하였다. 반복적으로 강조한 바대로, 안내된 관찰 시기에는 교사들이 자신들의 전체 교직 경력 동안에 참여하게 될 일종의 의사결정 내리기를 준비하게 된다.

다음은 훈련 과정의 관찰 요소에서 지도 교사가 명심해야 할 몇 가지 핵심 요소들이다:

1. 훈련생들에게는 언어 학습 교실에 친숙해지고 편한해질 수 있는 시간이 필요하다. 수업 관찰의 시기가 이것을 도울 수 있다. 수업 관찰이 동료 관찰, 노련한 교사들에 대한 관찰, 훈련 시간에 미리 녹화된 비디오를 제공하는 방식으로 좀더 구조적이고 안내된 관찰의 형태로 이루어질 수 있다.

2. 훈련이 훈련생들의 생존 수준에서 만족할 수 있는 수준에 그쳐서는 안 되고, 교사로서 만나게 될 모든 유형의 과정에 대해 준비할 수 있도록 해야 한다. 효과적인 수업실행의 토대에 대해 탐구의 정신을 고취시켜야 한다는 것이다.

3. 교사 훈련의 규범적이지 않은 접근의 중요성에 대해서는 대해서는 '3. 왜 이 책은 수업 관찰에 주목하는가?'에서 논의하였다. 이 책은 비규범적인 훈련 접근법을 제공하고 있다. 수업 후 단계에서의 문제

제기와 과업은 교사와 훈련가들에게 관찰자와 교사로서 자신들의 경험에 자신들을 비추어보고 이러한 경험으로부터의 추론에 대해 논의를 끌어내도록 요구하고 있다.

4. 수업 관찰은 강의, 개별 지도나 워크숍과 같이 과정 중에 발생하는 다른 학습 경로와 연계될 수 있다. 이것이 실제로 어떻게 프로그램화되느냐는 맥락에 따라 다양하다.

목표와 가이드라인

이 책을 사용하면서 지도 교사들은 '자기 반영자로서의 교사'가 교육 과정의 궁극적인 자율성의 목표라는 것을 명심해야 한다. 이 모델의 교사 성장을 염두에 두고, 훈련가는 다음 사항을 고려해야 한다.

- 사람들이 어떻게 학습하는지, 그리고 사람들이 어떻게 교사가 되기 위한 학습을 하는지에 대해 민감해야 한다.
- 당신의 역할은 정보를 제공하거나 문제에 대한 답을 제공하는 것이 아니라 성장을 촉진하는 역할이라는 것을 염두에 두어야 한다.
- 당신의 지위나 권력을 강화하고 수습 교사에게 권력을 행사하지 않는 방식으로, 비판자나 판단자가 되는 것을 피하라.

지도 교사의 역할

지도 교사의 역할은 이 책의 활동 과정에 있는 수많은 단계의 학습 과정에 영향을 주는 것이어야 한다.

1. *과업 선택(Selecting tasks)*은 수습생과 지도 교사 사이에 가능한 한 많은 공동의 고민과 상담 과정을 통해 결정되어야 한다. 지도

교사로서 수습생의 개인적인 강점, 약점, 관심과 학습 스타일을 고려해야 하고 또한 수습생들에 의해 착수된 경험들이 그들에게 매우 가치 있는 것으로 보여야 한다는 것을 명심해야 하며 선택된 과업들이 다른 과정의 학습 경로와 연계되어야 한다는 점을 유의하여야 한다. 교육과정 내의 이러한 상호 연계가 수습생에게 명확한 것이 되어야 하며 공유된 지식이 되는 것으로 전제되어서는 안 된다.

2. *관찰 전 단계(pre-observation stage)*는 흥미와 관심을 불러일으키는 중요한 시간으로, 다시 강조하건대 의사결정 내리기 단계에 수습생이 적극적으로 참여하는 것은 그들의 동기와 참여를 가장 잘 보장해 주는 것이다.

3. *실제적인 수업 관찰(actual observation)*을 위한 기본 원칙이 협의되어 유지되어야 한다. 교사는 경험이 수습생에게 소속되어야 하며 그는 '나 자신만의 것이란 생각(a sense of ownership)'으로 경험을 시작하고 끝내야 한다. 마찬가지로 지도 교사는 관찰자의 등장이 가시적이고 감지할 수 없는 방식 두 가지로 학습 공동체에 영향을 미친다는 사실을 지각해야 한다. 교실에서 부정적이거나 적대적 분위기를 조성하는 것을 피하도록 주의해야 한다.

4. *수업 후(Post-lesson)* 협의로서 개별 교사와의 토의는 지도 교사로서 수습 교사들에게 교실에서 의사결정 내리기에 영향을 미친 요인들에 대한 자기 반영의 많은 기회를 제공할 수 있는 중요하고 가치 있는 기회를 제공한다. 앞서, 교사 훈련을 통해 수습 교사들이 자신들이 교사로서 나중에 참여하게 될 일종의 의사결정 과정에 민감해야 한다는 의미에서 좀더 '개발적'이어야 한다는 것을 언급한 적이 있다. 그것이 실제적인 관찰 이전이든 이후이든 관찰의 요소에 대한 논의는

지도 교사들에게 '훈련'으로부터 '발전'으로 나아갈 수 있는 기회를 제공하게 된다. 이것은 지도 교사와 수습 교사 모두 가시적인 '기능과 능력'의 기법을 넘어 '유능한 교사들이 사용하는 활동 규칙'을 발견하는 논의를 하도록 격려하고 방향을 설정함으로써 성취될 것이다(Richards 1990:15).

가능한 시나리오

이 책이 훈련에 사용될 수 있는 몇 가지 방법을 제안한다.

1. 수습 교사들에게 교실을 소개하는 '침묵 국면'을 안내하기 위해 이 책을 활용하여 관찰 과업 프로그램을 설정한다.

2. 해당 과정의 다른 학습 경로와 긴밀하게 통합된 다양한 수업 과업들을 설정한다. 예를 들어, 주제 *수업 관리(classroom management)*라는 영역은 다음의 목록들을 통해 성취될 수 있다: 강의, 수업 관찰, 동료 교사들에 의한 피관찰, 도중에 수집된 자료들에 대한 논의에 시간을 투자하기.

3. 특별한 개인 수습 교사나 수습 교사 집단의 개인이나 집단의 요구에 반응하여 일대일 기반이나 소집단에 대한 관찰 과업을 설정한다.

4. 미리 녹화된 비디오 수업 시간을 사용하여 수업에서 수행될 집단 연습으로서 과업을 설정한다.

5. 해당 과제의 *수업 후(after the lesson)* 부분에 제시된 논의 주제를 사용하여, 미리 준비된 일련의 질문들에 대한 개별 지도나 워크숍의 안건에 초점을 맞춘다.

이와 같은 방법으로 관찰 과업은 유의미하고 성공적으로 훈련 프로그램에 통합될 수 있다.

학교 기반 교사 지원의 맥락

전문적인 개발의 원리를 좀더 수용하고 '자가 반영적인 연습'이 점점 가치 있는 개발 모델로 인식됨에 따라(Bartlett 1990), 많은 학교들이 교사들에게 지원 서비스를 제공하기 시작하였다. 여기에서는 다양한 시스템에 대해 기술하기보다 그들이 공유하고 있는 몇 가지 기저 원리를 지적하고자 한다. 이들이 포함하는 기본 원리는 다음과 같다.

- 막 초보를 벗어난 수습 단계에서 지도 교사들은 자기 반영과 시뮬레이션의 다이어트를 계속할 필요가 있다. 즉, 과도하게 자기 반영을 시도하거나 시뮬레이션을 해서는 안 된다.
- 이것의 시작은 필수적으로 교사들 자신들로부터 기인해야 한다.
- 지원 환경은 수업 관찰이 평가나 임용이 아닌 교사 개발과 관련된다.
- 지원자는 교사들이 수행하는 자기 발견 과정의 자원으로서의 촉진자 역할을 한다.

이 책의 과업들이 교사들의 성장을 구조화하고 촉진하기 위해 사용되려면 이러한 논의들에 대해 숙지해야 한다. 여기에서 지원자들이 수업 관찰을 그들의 학교에서 전문적인 개발을 지원하기 위한 중요한 도구로서 사용하는 몇 가지 시나리오를 살펴보자.

시나리오 1

한 교사가 자신들의 교수법 중 특정한 양상에 대해 걱정하면서 당신에게 접근한다. 당신은 그 교사와 함께 그 문제를 심도 깊게 탐구하기 위하여 논의한다. 무엇이 문제인가? 실제로 무슨 일이 일어났는가? 이 교사는 왜 이런 일이 일어났다고 생각하고 있는가? 여기서 당신의 목적은 해당 교사가 그 문제에 대해 말하도록 하여 그 문제를 좀더 넓은 맥락에서 살펴보도록 격려하는 것이다. 그리고나서 당신은 실행할 수 있는 수많은 과정들을 제안한다: 해당 교사가 구조화된 과업을 사용하여 다른 몇몇 교사들의 수업을 관찰하여 그 관찰로부터 자료를 수집하여 후속 논의를 개최한다. 아니면 해당 교사가 다른 수업 관찰자들을 자신의 수업에 초대하여 구조화된 과업을 사용하여 교수법의 양상들을 기록하게 한다. 이것 역시 다른 모임으로 연결되는데, 여기에서 당신은 해당 교사에게 수집된 자료에서 추론을 이끌어 내게 하고 문제 상황에 대해 무엇이 왜 어떻게 나아질 수 있는지 이해할 수 있도록 격려한다. 교사들이 자신들이 선호하는 실행 과정, 혹은 과정들의 조합을 발견하도록 하기 위하여 교사들과 논의하는 것이 바람직하다.

시나리오 2

당신은 해당 학교의 언어 수업에서 도움이 필요한 특정 영역이 있다는 것을 알아차리게 되었다. 당신은 그 주제에 대해 발표와 워크숍을 계획하지만 참여자들이 '준비'를 하고 동기화에 도달하도록 하는 방법을 택하고, 워크숍의 주제인 관심 영역과 관련된 특정 과업을 사용하여 구조화된 일련의 동료 수업 관찰을 계획한다. 당신은 수집된 자료를 집단 사고를 통해 해석하여 그 결과를 논의하기를 바란다. 당신은 그 자료와 경험을 사용하여 개인적으로 유의미한 참여자들이 해당 학습에 참여하여 그것에 가치를 부여하기를 바란다. 당신은 또한 해당 참여자들이 여기에서 끝내기를 원하지 않는다: 당신은 해당 교사들 중 몇 사람이 당신에게 자신들의 탐구를 계속할 수 있도록 계속 도움을 주기를 요구하는 것을 성공의 신호로 보기를 원한다.

지도 교사 훈련의 맥락

지도 교사 훈련이란 노련한 교사들이 교사 교육과 교사 준비에서 책임감 있게 여러 가지 역할을 하도록 준비하는 것을 의미한다. 주의할 점들에 대해 충분히 살펴보아야 하고, 교사 훈련 과정에서 다음과 같은 전제들을 가져서는 안 된다.

1. 해당 교사가 잘 안다고 전제하지 마라. 초보 교사들은 '언어 학습자'들에 대해 인식하고 익숙해질 필요가 있듯이 초보 지도 교사들은 '수습 교사'에 대해 인식하고 익숙해질 필요가 있다.
2. 해당 교사들이 노련한 교사들이라고 전제하지 마라. 그들은 필연적으로 교사가 되는 과정에 대해 잘 기억하고 이해한다.
3. 노련한 교사들이 필연적으로 수업 과정에서 동시에 발생하는 많은 과정들에 대해 자세하게 인식하고 있다거나 혹은 이것들에 대해 자신들의 생각대로 조정할 기회가 있다고 전제하지 마라. 그들은 메타 언어 교수법과 훈련에 대해 말하기 위한 언어가 부족하다고 할 수 있다.

수습 교사들의 수업 관찰은 지도 교사의 예비 과정에 결정적인데, 관찰을 통해서 수습 교사들을 점진적으로 알 수 있게 되고, 해당 수업과 교수 과정에 대해 조정하는 것을 좀더 알 수 있게 되며, 수업 경험에 대해 말하는 방식을 좀더 배울 수 있기 때문이다. 이 책은 해당 경험을 구조화고 초점화하는 데 도움을 줄 수 있다. 여기에 두 가지 시나리오가 있다.

시나리오 1

한 지도 교사가 수습 교사가 수행하는 구체적인 수업의 교수법을 관찰한다. 특정한 과업을 사용하여 그 수업에서 약간의 자료를 수집한다. 후속되는 개별 지도와 논의에서 지도 교사는 어떻게 해야 짧은 기간(예를 들어, 후자의 다음 수업에 대한 준비)이나 혹은 긴 기간 동안 지도 교사에 의해 학습을 촉진할 수 있을지 알아차리기를 원한다. 실제적인 이 자료들이 어떻게 해야 수습 교사들이 자신들의 학습에 도움이 되도록 사용할 수 있는지에 초점을 맞추어 논의한다.

시나리오 2

예를 들어, 한 지도 교사가 수습 교사 집단들에게 단어들의 의미를 전달하는 방식과 같은 언어 교수법의 특정한 양상에 대한 모임을 준비하도록 요청한다. 이 주제에 대한 연구를 시작하기 위한 출발점으로서 지도 교사는 한 교사, 혹은 수습 교사를 관찰하여 특정 교수법의 양상에 대한 실제적인 자료를 수집한 다음 교수법의 양상에 초점을 맞춘다. 그래서 이것은 해당 준비를 위한 도약대가 되어, 다음에는 수습 교사들이 같은 주제나 관련된 주제에 대해 동료 교사들의 수업 관찰을 통해 계속적으로 이해할 수 있도록 격려한다.

6. 주의 사항

교수와 학습은 수업의 전반을 의미한다. 해당 수업의 다양한 패턴들에 있어 핵심 요소는 인간 요인, 즉, 개별 교사, 학습자, 관찰자 등이다. 더불어, 서로를 통해 협동과 학습에 대해 대단한 잠재력을 발휘할 수 있다.

민감성(sensitivity)은 범문화적 요인, 텃세, '체면'(face)과 상처받기 쉬움과 같이 핵심 사항으로 요구된다. 이미 확립된 학습 공동체가 방문자를 허용할 때, 혹은 공적으로 강한 텃세를 지닌 학습 집단에 우리 스스로 참여할 때, 해당 집단의 역동성과 분위기에 영향을 준다.

필수적인 질문은 아니지만, 부수되는 다양한 질문이 있을 수 있다. 학생들이 관찰자가 누구인지, 왜 거기 있는지 알까? 교사는 판단 당하는 데 대한 불안을 비밀리에 감추어야 하는가? 학생들은 해당 교사의 교수법에 문제가 있다고 의심할까? 해당 교사에 대한 존경심을 손상시킬까? 학생들은 자신들이 비밀리에 평가받고 있다고 생각할까? 이와 같은 질문들이 우리가 수업 관찰을 학습 도구로 사용할 때 신뢰를 가지고 검증할 필요가 있는 내용일 것이다. 즉, 이러한 질문을 피해야 한다는 것이 아니라, 그것들의 위험성을 과소평가하지 말아야 한다는 것이다. 이와 같이 민감하고 세밀한 영역에 대한 관심을 가지면 수업 관찰의 경험에 참여한 모든 이들에게 매우 가치 있는 경험을 선사해 줄 수 있다.

제2부 과업

과업에 대한 소개

　여기에서는 수업 과업을 다루고 있다. 이것들을 사용하기 위한 과업들의 조직과 가이드라인을 제1부 머리말의 '4. 과업은 어떻게 조직되는가?' 그리고 '5. 과업은 어떻게 사용할 것인가?' 조직과 가이드라인에서 대강 살펴보았다. 각 과업들은 관찰을 하는 동안 사용하기 편하도록 일정한 틀을 유지하고 있다. 각기 다른 사용자들이 각기 다른 목적으로 이 과업들을 사용하겠지만 명확성과 지속성을 위해 이 틀을 표준화하였다. 수업 관찰이 수업 교사나 관찰자들에 의해 시작되겠지만, 이 과업들은 관찰 교사들의 관점에서 일관되게 사용하도록 하였다.

1.　학습자

1.1 학습자에게 주의 기울이기

배 경

　교실에서 교사와 함께 있는 학습자 집단은 학습 공동체를 이룬다. 이 인간 요소는 언어적으로 표현될 수도 있고,　가시적이되 거의 지각되지 않는 비언어로 표현될 수도 있다. 어떤 경우이든, 인간 요소는 질적으로 인간 상호작용을 형성하며 일어나는 과정과 결과물의 핵심요소다. 인간 심리에 대한 이해를 바탕으로 이끌어지는 언어 교수법에 대한 접근은 효과적인 학습 환경의 중요성을 강조한다. 학습자들에게 언어를 직접 가르칠 수는 없다. 다시 말해, 가장 좋은 방법이란 다른 사람들이 학습할 수 있는 바람직한 조건을 형성하는 것이다. 여기서 '바람직한 조건'이란 말은 교사가 학습자들과 어떻게 관계를 맺느냐, 혹은 어떻게 주의를 기울이냐는 것을 포함한다.

과업 목표

이 단원에서 당신은 교사가 학습자들에게 관심을 갖는 행위, 다시 말해서 교사가 언어적 혹은 비언어적 수단을 통해서 존재와 배분과 개인적인 학습자들의 요구를 인정하는 방식에 대해 매우 주의를 기울이게 된다. 관심을 표명하는 행위에는 여러 가지 양상이 있다. 이 가운데 보다 명확한 방법은 학생들의 이름을 사용하는 것이다. 다른 방법에는 눈맞춤, 접촉, 얼굴 표정 등이 있다.

과 정

 수업 전

1. 수업 관찰을 주선한다.
2. 수업 관찰에 사용할 견본 도해와 익숙해진다. 이것을 수정하거나 교실의 자리 배열을 반영하여 새로 그린다. 각 칸은 한 학생을 가리킨다. 이 자리 배열을 위해 먼저 교실에 들어갈 수도 있고, 해당 교사에게 준비를 요청할 수도 있다.

수업 중

1. 교사가 학생 개인들에게 언제 어떻게 관심을 표명하는지 - 이름, 제스처, 자세, 바라보기와 외면하기, 눈맞춤, 언어적 자극 등의 사용 - 관찰할 수 있는 장소에 반드시 관찰자가 앉도록 해야 한다.

2. 얼마나 많은 양의 자료를 수집하기를 원하는지 당신이 결정한 후에, 수업 도중에 교사의 관심 표명에 대해 모두 기록한다: 해당 교사가 특정한 사람에게 관심을 표명할 때마다 해당되는 칸에 표기(대개 점으로)를 한다.

3. 교사가 이름을 사용하게 되면 당신이 학습자들의 이름을 알 수 있도록 도해의 각 칸에 이름을 붙여라.

4. 교사가 사용한 실제적인 관심 표명 전략에 대해 가능한 한 모두 메모를 한다(관심 전략 표). 당신이 관찰하며 메모한 다른 것들을 추가할 수도 있다. 약호를 사용하는 것이 도움이 된다. 때로는 전략이 겹치거나 결합된다: 예를 들어, 미소/눈맞춤(겹침): 이름 부르기 + 미소(결합)와 같이 표기할 수 있다.

5. 학생이 남자인지 여자인지 그리고 다른 차이가 나는 특징, 예를 들어, 나이나 국적 등도 역시 도해에 표시하라.

6. 다른 공간에 교사의 관심 표명 전략, 예를 들어, 한 학생의 말을 중단시키기 위해 해당 교사가 바라보기나 반응을 유도하기 위해 격려하기에 대한 학생들의 반응을 기록할 수도 있다.

수업 후

1. 자료를 수업 교사와 공유하며 당신의 인상에 대해 함께 토론한다.

2. 어떤 패턴이 드러나는가? 어떤 학생들의 이름을 다른 학생들보다 더 자주 부르거나 관심 표명이 더 많았는가?

3. '패턴 속의 패턴'이 존재하는가? 예를 들어:

   – 남성과 여성 학생들에 따라 교사의 관심 표명이 달라지는가?

자리배치

우 여 ●	남	마틸다 ●●여	여	여
남				여
남				훌리오 남 ●●●●
여				여
여				여
남				남

기록 전략

이름 (N)

끄덕거림 (↓)

미소지음 (⌣)

눈맞춤 (◉)

꾸중의 눈초리 (⌒)

접촉 (T)

   – 자리 배치가 교사의 관심 표명에 영향을 미치는가?
   – 다른 학생들보다 관심 표명을 더 혹은 덜 받은 학생들을 범주화할 수 있는가?
   – 약한 관심 표명이나 강한 관심 표명이 학생들을 '실망'시키는가?
   – 관심 표명 행위에 대해 일반적인 결론을 내릴 수 있는가?

4. 이름 부르기에 초점을 맞추어라. 이것들이 어떻게 사용되었는지 회상하도록 하라: 무슨 목적으로 사용하였으며 어떤 영향을 주었는지? 일반적으로 말해서, 이름을 사용하는 것이 어떤 목적으로 기여할 수 있는 것인지? 그들이 이름을 기억하도록 하기 위하여 교사가 어떤 방법을 사용하였는지?

5. 이제 해당 교사가 사용한 관심 표명 전략의 범위에 대해 생각하라. 어떤 다른 것들이 가능한지? 교사의 관심 표명 전략의 범위에 대해 무슨 조언을 해 줄 수 있는지? 이들이 교사의 의식적 혹은 잠재의식적 행위들인지?

메모한 관심 표명 전략을 수업 교사와 공유하고 이들이 잠재의식적으로 사용되었는지 논의하라.

6. 다른 학생들을 향해 학생들 자신들의 관심 표명 행위가 있는지 알아차렸는가? 이들이 얼마나 중요한가? 이런 관심에서 교사의 역할은 무엇이 될 수 있을까? 이들이 어떤 식으로든 언어 학습 주제와 연계되는가?

해당 수업을 당신 자신의 관심 표명 기능의 거울로 사용한다면 당신 자신의 교수법 행위에 대해 무어라고 조언할 수 있는가? 이 수업 관찰에서 당신 자신의 교수법에 적용할 수 있도록 학습한 내용은 무엇인가?

1.2 학습자 동기 유발

무엇이 학습자들에게 동기를 부여하는가? 사람들은 왜 다른 언어를 배우는 데 에너지를 쏟는가? 언어 학습으로 이끄는 동기를 이해하기 위해 주요 연구들은 동기를 두 가지 넓은 범위에서 연구해 왔다: 도구적 동기와 통합적 동기가 그것이다. (예에 대해서는 Gardner, Gardner와 Lambert 1972 참조)

넓게 보아 *도구적(instrumental)* 동기는 언어를 배우려는 이유가 외국 신문이나 책을 읽는다든가 시험에 합격하거나 승진을 하는 어떤 '도구적'이고 실제적인 목적에 유용하기 때문임을 가리킨다. 이 범주는 또한 실패의 두려움과 같은 부정적인 요소를 담고 있다. 반면에 통합적(integrative)동기는 언어를 배우는 이유가 그 언어를 말하는 문화권의 사람들을 이해하고, 관련 맺고, 소통하기를 바라기 때문임을 가리킨다. 과거에는 통합적 동기를 가진 학습자가 '약한' 욕구를 자극하는 도구적 동기를 가진 학습자보다 더 성공할 수 있다고 생각해 왔다. 그러나, 최근의 연구(예, Giles와 Byrne 1982)에서는 이런 주장에 의문을 제기한다. 이제는 도구적/통합적이라는 구분이 예전에 생각했던 것처럼 그렇게 명확히 나뉘지 않는다고 믿는다: 학습자의 동기는 두 범주의 요소들이 혼합된 것이다. 또 앞서 제기했던 통합적-성공, 도구적-덜 성공의 관련이 사실은 편의적이고 실제적인 동기의 복잡성을 반영하지 못하고 있다고 믿는다. 새로이 등장한 주장은 학습자의 동기가 어떤 것이든 간에 동기의 정도가 학습자의 기대 역할에 영향을 미친다는 것이다. 동기가 높은 학습자는 기꺼이 교사의 역할에 자신들의 역할을 맞출 수 있고; 교실 학습의 다양한 과정에서 해당 교사와 더 협조적이다(Wright 1987).

과업 목표

이 과업은 당신에게 학습에 대한 개별적인 동기의 관점에서 학습자들을 살펴보도록 할 것이다.

과 정

1. 당신이 잘 아는 학습자들로 구성된 반을 관찰할 수 있도록 조정한다. 이상적으로는 당신의 수업을 다른 사람이 가르치는 것이다.
2. 수업 관찰에 필요한 표에 익숙해진다.
3. 당신이 잘 알고 있어서 그들의 학습 동기에 대해 조언할 수 있을 서로 다른 다섯 명의 학생을 선택한다. 그 학습자들이 왜 언어를 배우려 하는지 살펴본다. 그리고 표의 '동기' 부분에 그 동기가 높은지 낮은지 아니면 다른 관련된 것인지 등 관련된 의견을 표시한다.

수업 중

1. 수업 중 이 학생들의 행동과 역할을 살펴서 이들이 교사와 어느 정도로 맞추고 협력하는지 살펴본다. 예를 들어, 한 학생에 대해 살펴보자면:
   - 교사에 대한 반응
   - 과업 참여도
   - 모르는 것에 대한 질문
   - 다른 학생들의 편의

2. 표 가장 오른편에 다른 의견을 위한 공간이 있다. 여기에 동기가 도구적인지, 통합적인지, 아니면 혼합된 형태라고 생각하는지에 대해 적을 수 있다.

학생 이름	동기	학습 행동	의견

1.2. 학습자 동기 유발

수업 후

1. 수집된 자료를 살펴본다. 표에서 동기와 학습 행동 사이의 관련에 대해 의견을 제시한다.
2. 학생들과 면담을 하게 되면 쉽게 학생들의 동기를 이해하여 확정할 수 있다.
3. 학습자들의 다양한 언어 학습 동기를 충분히 이해할 수 있도록 교사들이 학생들을 이해하는 것이 얼마나 중요한가? 교사는 이 정보를 얻기 위해 어떤 방법을 사용하는가? 이러한 전략 중에서 어떤 전략을 당신 자신의 수업 상황에 사용하는가?
4. 이제 도구적 동기와 통합적 동기가 생각했던 것처럼 분명하게 나뉘지 않는다는 것을 알게 되었다. 그럼에도 불구하고, 다음과 같은 과업들은 도움이 될 것이다.

다음 요인들을 도구적 혹은 통합적 동기와 연결시켜라. 혹은 다른 분류 체계를 만들 수도 있다.

- 단순한 수준의 자민족우월주의(ethnocentrism)
- 목표 언어권에서 직업을 구하기를 바람
- 여행에서 해당 언어를 사용하고자 함
- 다른 언어 학습에 따르는 문화적 가치 부여
- 목표 언어 사용자와 친밀한 관계를 갖기
- 문화, 여행 그리고 다른 사람들과 어울리기를 즐김
- 현재와 미래의 공부나 직업과 관련된 요구
- 목표 언어를 사용하는 사람들과 '같이 되고자 하는' 바람

이 요인 들 외에, 언어 학습 상황에서 깨닫게 된 다른 동기 요소들을 더할 수 있다.

5. 당신 자신이 다른 언어를 학습하고자 했던 것을 살펴본다. 당신은 자신의 동기를 어떻게 규정하는가? 당신은 얼마나 성공했는가? 어느 정도로 당신의 성공과 당신의 동기를 연계시킬 수 있는가? 혹은 어느 정도로 당신의 성공이나 다른 어떤 것들이 당신의 동기에 영향을 미쳤다고 생각하는가?

반영

이 과업은 언어 학습에서 학생들에게 영향을 미치는 다양한 동기들에 대해 적극적으로 살펴보도록 하고 있다. 당신이 이 학생 집단 혹은 다른 학생 집단들에게 가르치는 역할을 할 때 어떤 방식으로 이 경험들이 당신에게 영향을 미칠 수 있겠는가?

1.3 행위자로서의 학습자

배경

일반적으로 능동적 학습은 학습을 개별화하고 내용을 기억하기 쉬우므로 더 효과적이다. 수업에, 즉, 교사와 자료와 과업과 활동에 몰두하는 학습자는 해당 학습을 통해 더 많은 영향을 받는다. 그러므로 교사는 보통 자기 교수법에 과업을 포함시켜 학습자들에게 해당 언어와 관련하거나 학습자 상호관계와 관련하여 수업 중에 무언가를 *행하게(do)* 한다.

과업 목표

이 관찰의 목표는 당신이 '활동에 의한 학습(learning by doing)'이 커다란 범위의 활동을 포괄한다는 사실과 이러한 활동을 인지적 사고, 정서적 감정, 신체적 활동으로 분석할 수 있다는 사실을 숙지하도록 하는 것이다.

수업 전

1. 관찰할 수업을 정한다. '활동의 본질(nature of doing)'을 교사들이 전형적으로
   학생들에게 수행하도록 요구하는 것들로 인식한다. 예를 들어, 과업에
   포함되는 활동으로 다음과 같은 것들이 있을 수 있다.
   - 생각하기
   - 느끼기
   - 행동하기
   - 움직이기
   - 우선순위 매기기, 등급 정하기, 판단 내리기
   - 협상하기, 다른 활동과의 상호작용하기;
   - 다른 정보 찾아보기
2. 제시된 표에 익숙해진다.

 수업 중

1. 학습자들이 실제로 무엇을 하는지의 관점에서 해당 수업을 관찰한다.
2. 표를 활용하여 자료를 수집한다. 다음을 적어라.
   - 학습자들의 활동
   - 포함된 세부 활동
   - 교사의 의도로 생각되는 것

가장 오른편에 활동의 양상이 인지적, 정서적, 육체적 중 어디에 해당하는 지와
같은 내용의 논평을 더한다.

학습자의 활동	포함된 세부 활동	교사의 의도	논평
의미에 따라 단어 분류하기	– 사전 찾아보기 – 다른 학생에게 의견 구하기	– 참조하는 기능 가르치기 – 두 차원의 의미 가르치기 : 지시적 의미와 내포적 의미	인지적

1.3 행위자로서의 학습자

 수업 후

1. 수업을 한 교사와 함께 수업 중에 시행된 인지적, 정서적, 육체적 활동의 균형에 대해 살펴본다. 이에 대한 당신의 생각에 대해 논의한다.
2. 수업 중 어떤 활동이 당신 생각에 학습자에게 가장 가치 있는 것이었는지 수집한 자료를 살펴본다. 왜 그것이 가치 있는가?
3. 우리가 교사로서 수업 중에 학습자의 적극적인 참여를 권장하는데 이것이 학습자의 학습 스타일과 상치되거나 어울리지 않는다면 무슨 일이 일어날까? 교사는 자신이 선택한 학습 방법을 학습자가 선호하는 학습 방법과 어느 정도로 절충해야 하는가?

반영

이 방법을 당신 자신의 교수법의 거울로 삼아라. 당신은 가르치면서 어느 정도 활동의 균형을 유지하는가? 이러한 요인들을 깨닫게 되면 어떤 방식으로든 당신의 교수법에 영향을 줄 수 있을 것인가?

1.4 학습자 수준

이 책의 기저를 이루는 전제는 어떤 교실도 그 수준에 있어서 완전히 동질적인 교실은 없다는 것이다. 설령 한 날 한 과정에서는 동질적으로 보인다고 할지라도 한 주만 지나면 수준적 패턴과 단계적 차이가 보이기 시작할 것이다. 수준이라는 개념은 학습자들 사이에서 나타나는 차이와 관련되고 그에 영향을 받으므로 그 자체로 복잡한 개념이다. 언어 학습에 대해 살펴보면 볼수록 대표적인 요인들이 더 다양해진다는 것을 발견할 수 있다: 사람들은 다른 방식으로 학습하고, 학습 속도가 다르며, 스타일이 다르거나 다른 전략을 드러낸다. 물론 '이례적인(anomaly)' 경우도 있다. 위험을 회피하고 정확성을 지향하는 학생들은 더 수다스럽고, 모험적인 경향이 있거나 의사소통 지향적이어서 오류를 범해도 덜 불안해 하는 학생들에 비해 수준이 높은 것처럼 *보인다*.

이 단원의 관찰 목표는 학습자 수준에 대한 명확한 표지를 인식하는 것과 교사가 학습자의 수준에 알맞은 수업을 하려는 양상을 인식하는 것이다.

수업 전

1. 수준이 혼합된 교실을관찰 대상으로 정한다.
2. 해당 교사를 만나 학습자들의 이름과 함께 수준을 드러낼 만한 것을 찾는다. 해당 교사들이 학습자들의 등급을 가장 낮은 수준에 1, 가장 높은 수준에 5를 부여하듯이 1에서 5와 같은 수치를 부여한다.
3. 해당 교사에게 당신이 학생을 인식할 수 있도록 학생들이 이름표를 붙이도록 부탁한다.
4. 제시된 표에 익숙해진다.

 수업 중

1. 표를 이용하여 자료를 수집하면서 학생들에게 부여된 수준에 대한 명확한 증거를 찾는다.
2. 마지막 열에 해당 교사가 학습자 수준을 수용하기 위해 사용한 전략을 적는다.

학생	수준	수준의 신호	교사의 전략
미구엘 (Miguel)	1	– 이해를 하지 못함. – 제1언어를 사용함. – 짝에게 도움을 바람	즉시 학습자에게 달리 표현함
잉그리드 (Ingrid)	2	– 반응이 빠르고 정확함	언어 패턴의 모델로 이 학생을 사용함

1.4a 학습자 수준

수업 후

1. 수업을 한 해당 교사와 당신이 발견한 것을 공유하며 논의한다. 수업 전에 만나서 알려주었던 수준과 수준이 다른 학생에 대해 말한다.

2. 해당 수업 중에 해당 학생의 수준에 적절하게 반응하였던 해당 교사의 전략을 기록한다. 명확한 수용 전략은 다음과 같은 것들이다.
   - 말하는 속도 바꾸기
   - 언어의 복잡성 바꾸기
   - 기다리는 시간을 바꾸기
   - 잘한 학생을 '모범(model)' 답으로 지적하기
   - 짝이나 집단을 조정하기

3. 도전은 언어 교실에서 의심할 여지없이 좋은 일이다. 모든 학생들은 수업에서 자기보다 아주 낮은 수준에 대해서는 쉽고 정확하게 활동할 수 있다. 수준의 난이도가 적절한지를 확인하기 위해서 교사는 *어려운 과제 해결을 위한 표시(indicators of challenge)*에 대해 주지할 필요가 있다. 다음이 그 단서들이다.

   어려운 과제 해결을 위한 표시들
   - 얼굴 표정에 이해하지 못함이 나타남
   - 학생들의 주저하는(침묵)
   - 첫 학생의 오답 제시
   - 학습자가 적기 시작하기 전에 짝을 곁눈질해 보기

한 연구자(Brown 1988)는 해당 수업의 대략 1/4이나 1/3의 학생들이 어려움을 나타내는 신호를 보인다면 수준 난이도가 적절하다고 말한다. 동의하는가?

4. 학습자 수준보다 낮거나(under-challenge) 쉬운 수업에서 적절한 표시들은 어떤 것들인가? 다음 리스트가 그 일부이다.

쉬운 과제 해결의 표시들

 - 학생들이 바로 시작하기
 - 교사의 질문에 과다 반응하기
 - 활동에 필요한 시간을 지나치게 추정하기

5. 수준이 낮은 학습자 그룹에게는 쉬운 과제가, 수준이 높은 학습자 그룹에게는 어려운 과제가 수업을 활기차게 한다. 물론 어떤 것이 항상 옳다고는 할 수 없다. 대부분 모둠 활동의 목적에 의존한다(Austin 1990). 다음 모둠 활동 구성의 방식을 살펴보아라: 각 경우에 어떤 결과가 예상되는가? 각 경우에 가능한 활동을 생각해 보아라.

수준별 모둠 구성 방식	예상되는 결과	가능한 활동
a) 낮은 학생으로만 구성		
b) 높은 학생으로만 구성		
c) 혼합하여 구성		

1.4b 수준에 따른 모둠 구성

6. 수준은 모둠 구성의 한 기준일 따름이다. 다음 표의 기준들을 살펴보고, 어떤 결과물이 예상되고, 적절한 활동에는 무엇이 있을 것인지 살펴보아라.

기 준	예상되는 결과	적절한 활동
학생들의 문화	*'소란스러운' 상호작용*	*토의 과제- 주제/사회/문화/쟁점*

1.4c 모둠 구성의 기준

반영

지금 가르치고 있거나 최근에 가르쳤던 당신 수업을 생각해 보아라. 그 수업에서 수준에 대해 얼마나 고려했는가? 고려된 사항을 수업에 얼마나 반영하였는가? 당신의 수업에서 이 수준을 반영한 가장 대표적인 양상은 무엇인가? 이 수준에 대한 인식을 다른 수업 상황에 확장할 수 있는가?

1.5 문화적 존재로서의 학습자

배 경

언어와 문화 사이에는 필연적인 연계가 있다는 것은 이제 일종의 공리가 되었다. 언어 교수법에 있어서 문화 영역에 대한 자각은 수많은 영역에 영향을 주었다. 예를 들어, 다음과 같은 것들을 알게 되었다.
- 언어를 학습하는 학습자는 또한 문화에 대해서도 학습한다.
- 학습자는 문화적 존재로서 수업과 학습 과정에 대해 문화적 특성에

기반하여 어떤 예상을 하는 것과 같이 세상을 바라보는 문화적 관점을 지닌다.
- 학습자의 해당 문화적 영역을 고려하고 존중하여야 한다.
- 목표 언어의 문화에 대한 긍정적인 태도는 언어 학습에서 유리한 요인이다.

과업 목표

이 관찰의 목표는 수업에서 문화적 요인과 문화가 반영된 다양한 교수와 학습 양상을 더욱 가시화하는 것이다.

과 정

 수업 전

1. 관찰할 수업을 정한다. 고급 수준 수업의 교사에게 부탁하고, 그 수업의 문화적 구성에 대해 해당 교사와 논의한다.
2. 제시된 표에 익숙해진다.

 수업 중

1. 수업이 진행 중일 때, 문화가 어떻게 포함되는가의 관점에서 무슨 일이 일어나는지 관찰한다. 예를 들어, 모국어 사용자의 어떤 행위 패턴이 반영된 자료를 사용하거나; 토의되지 않은 어떤 학습 주제의 양상과 이것이 문화적인 것이 되는 이유를 살펴보거나; 사람들이 서로 말을 걸고 상호작용하는 방식이 문화적 요인에 의해 영향을 받는다는 것에 주목한다.
2. 제시된 표는 몇 가지 범주를 제안하고 있다. 관련된 것들을 추가하라. 언어 교수법에서 문화적 쟁점과 관련된 주장을 메모하라.

범 주	메 모
자료의 선택	
학습 주제의 선택	
활동의 선택	
교수/학습 전략	
말 걸기 방식	
상호작용 패턴	
좌석 배치	

1.5 문화적 존재로서의 학습자

 수업 후

1. 수업에서 기록하고 관찰한 것들을 수업 교사와 토의한다. 문화적 요인이 수업 설계와 교수법에 의식적이거나 잠재의식적으로 어느 정도 영향을 미치는지 살펴라.

2. 어느 정도로 언어 교사는 실제로 목표 언어의 문화를 가르쳐야 하는가? 이것이 문화에 대한 정보 전달의 형식이어야 하는가 아니면 경험적인 수준이 되어야 하는가?

3. 적극적 문화 교수법에는 어떤 방식들이 존재하는가? 그리고 드러나지 않게 가르치는 방식에는 어떤 것들이 존재하는가? 문화 교수 방법의 분류 체계에 대해 브레인스토밍한다.

4. '문화적 적응(acculturation)'이 가르칠 수 있는 개념이라고 어느 정도로 믿는가? 언어 학습에 참여하는 모든 학습자들이 문화적으로 적응해야 하는가, 그렇다면 어느 정도로 적응해야 하는가?

5. 목표 언어의 원어민 화자 교사는 그 언어의 문화적 모델로 간주되어야

하는가? 그렇다면, 학습자들은 모델들이 보여주는 요소들 중에서 어떻게 문화적 요소, 방언적 요소, 개인적 요소들을 구별할 수 있는가?

6. 어떤 언어에 대한 비원어민 화자 교사는 그 언어의 문화에 관해서 어떤 역할을 하는가? 비원어민 화자 교사의 문화 교육에 존재하는 특별한 쟁점은 무엇인가?

7. '자아 투과성(ego permeability)'이라는 개념은 어떤 사람이 자기 자신에 대해 덜 엄격하면 다른 문화에 더 쉽게 조응할 수 있다는 개념이다. 이것은 마치 자신의 언어 정체성에서 목표 언어의 정체성으로 편안하게 움직이려면 언어 학습자 개인의 언어 자아의 경계가 유연해져야 한다는 것과 같다. Ingram(1981:44)는 자아 투과성을 '한 개인이 다른 문화 속에서 살거나 다른 언어를 사용할 때 그가 그의 언어 성격을 포함한 개인적 성격을 다른 방식으로 작동하도록 조정할 수 있는 정도'라고 정의했다. 당신의 학습이나 교수 경험은 어느 정도로 이것을 지지하는가?

8. 문화 교수법에서 강조점이 사람들을 문화적 존재로 보는 것과 보편적인 인간 존재로 보는 것 중 어느 곳에 놓여야 하는가?

9. 외국어로서의 영어를 배우는 학생들은 행동과 언어를 뒷받침하는 관점이 어느 정도로 '영국인이 되어야' 하는가? 여기에서 그들의 모국어와 모국 문화는 어디에 두어야 하는가? 이런 상황에서 잠재적인 '문화적 제국주의'가 존재하지 않을까(Rogers 1982와 Alptekin 1990 참조)?

반영

문화와 관련하여 언어 교사로서 당신의 역할을 어떻게 생각하는가? 이것이 당신의 교수법 속에서 드러났는가? 이 수업 관찰 경험이 당신에게 문화적 영역에 대한 자각을 변하게 하였는가? 그렇다면, 당신은 이제 이런 자각을 어떻게 한 단계 진전시킬 것인가? 다음 수업에서 어떻게 반영할 것인가?

2. 언어

2.1 교사의 메타언어

배 경

'메타언어'라는 용어를 다른 뜻으로 사용한다. 여기에서는 제시된 언어와 관련되지 않는 교사의 말을 의미한다: 여러 가지 수업 과정이 발생되도록 교사가 사용하는 언어, 즉 수업을 운영하기 위해 사용하는 언어를 가리킨다. 교사의 설명, 질문에 대한 반응, 지시, 칭찬하기, 정정해 주기, 과제 수합을 위한 언어 등이 여기에 속한다.

수업의 일반적인 목표가 교사가 말하는 시간(TTT:teacher talking time)을 최소화해서 학생들이 말하는 시간(STT:student talking time)을 많이 갖도록 하는 것이지만, 메타언어는 순수하게 소통적이기 때문에 그 자체는 학습에서 중요한 자원이다. 예를 들어, 교사가 어떤 학생을 칭찬하거나 다른 학생에게 조용히 하라고 말하거나 과업을 수행하라고 말할 때 그 언어들은 순수하게 맥락적이고, 목적적이고, 의사소통적이어서 잠재적으로 값진 입력 자원이다.

과업 목표

이 과업의 목표는 교사들의 수업 중 메타언어가 학습 맥락과 연관 가치를 지니는지 살피기 위해 메타언어들의 사용 사례를 수합하도록 하는 것이다.

수업 전

1. 가능하면 수업 교사가 새 언어를 제시할 계획이 있는 초급 수준의 수업을 관찰 대상으로 정하라.
2. 제시된 표와 수업을 관찰하면서 귀 기울여 들어야 할 항목들에 익숙해져라.

 수업 중

1. 제시된 표의 도움을 받아 해당 교사의 교실 언어를 모니터하라.
2. 교사의 메타언어를 한 단위씩 기록하라. (해당 수업 동안에 대략 다섯 번 정도 기록하라.)
3. 해당 교사의 언어 중 소통의 목적이라고 이해한 것을 서술하라.
4. 해당 맥락을 간단하게 기술하라.
5. 같은 뜻의 말을 자국어 화자들에게 표현한다면 어떤 표현이 될 것인지 살펴보라.

교사가 무슨 말을 했는가?	소통의 목적은 무엇인가?	직접적인 맥락은 무엇인가?	자국어 화자에게는 어떻게 말했을까?
지도를 잘 보세요. 은행을 볼 수 있어요?	- 지시하기 - 이해 점검하기	교사는 시청각 자료(지도)를 사용하는 과업을 준비하고 있다.	은행이(지도에서) 어디에 있나요?

2.1. 교사의 메타언어

![수업 후 아이콘] **수업 후**

1. 교사가 사용한 다양한 발화들의 소통 목적을 살펴보아라. 어떤 방식으로 해당 소통이 목적적으로 되는지 살펴보라. 목적이 학습자에게 즉각적으로 분명하게 인지되었는가? 학습자들이 해당 목표 언어에 대해 형성하게 될 일반화라는 관점에서 해당 메타언어를 살펴보아라.

2. 기록한 교사의 언어들을 주시하라. 해당 수업에서 '공식적인 언어 입력'의 모든 수준과 비교하여 해당 메타언어의 수준에 대해 무어라고 언급을 할 수 있는가? 해당 메타언어가 하향적으로 조정되었는가? 그렇지 않다면, 그래야 한다고 생각하는가? 교사가 다른 방식을 사용하면 메타언어를 쉽게 이해하도록 할 수 있을까?

3. 분명한 패턴이 드러나는가? Willis(1981:1)은 '언어는 패턴 훈련보다는 실제적인 사용을 통해 더 잘 배울 수 있다.'고 적고 있다. 그러나 가끔은 해당 교사가 사용하는 패턴화된 것 같아 보이는 메타언어가 여러 번 사용될 경우, 진정성 있는 소통 훈련이 될 수도 있다. 관찰한 교사의 발화 덩이 중에 잠재적으로 '패턴 훈련'이 될 것들이 있는가?

4. 직접적인 맥락 중 어떤 특성이 해당 교사의 메타언어를 보완하는가? 맥락 단서를 높이기 위해 교사가 무엇을 할 수 있는가?

5. a) 메타언어가 학생들에게 값진 학습 자원이 될 수 있다는 잠재성은 중요한 사안이다. Widdowson(1990:67)에 의하면:

> 학습자들에게 제시되는 언어는 어떻게든 단순해서 쉽게 접근하여 습득될 수 있어야 한다는 것은 잘 알려진 사실이다. 최근에는 교사에 의해 제시되는 언어가 진정성이 있어야 한다는 제안을 많이 한다. 진정성을 가진다면 어떻게 해야 쉽게 접근할 수 있도록 할 수 있을까? 교육적인 전략으로서 단순화가 의사소통적 언어 교수법과 모순되는 것은 아닐까?

여기에서 Widdowson은 실제 제시되는 언어가 모델 언어가 되어야 한다는 말을 하고 있다. 이런 주장을 메타언어에도 적용할 수 있다. 메타언어가 풍부한 언어 자원으로서 학습자들의 잠재적인 학습 자원이라면 학습자에게 제공되는 메시지를 단순화하는 조정이 어떤 의미가 있겠는가? 단순화를 하는 것이 학습자들이 목표 언어에 접근하는 데 도움이 될까 아니면 진정성을 떨어뜨리는 언어 모델에 의해 숙달을 지연시킬까?

  b) 표에서 가장 오른쪽 난에 기록된 메모를 반영하여서 학습자의 수준을 고려하여 어떤 조정이 이루어졌는지 살펴보고 그 조정이 어떤 종류인지 살펴보아라.

  c) 메타언어가 쉬워야한다는 것과 학습자들이 진정성 있는 언어 자료에 둘러싸이며 노출되어야함의 중요성, 이 두 가지를 조화시킬 수 있을까?

  6. 네 명으로 구성된 집단에서 다음 역할 놀이 연습을 해 보아라.

  A = 해당 교사 B = 초급 학생 C =자국어 화자 D = 관찰자

  - A가 B에게 불 피우기, 매니큐어 바르기, 차 시동 걸기, 식기세척기 돌리기와 같은 구체적인 어떤 활동을 하도록 지시한다.
  - A가 C에게 같은 지시를 한다.
  - D가 관찰하여 기록하고, 마지막에 첫 번째 지시와 두 번째 지시의 언어(언어적과 비언어적) 차이에 대한 토의를 이끌어라.

반 영

이 과업이 수업시간의 교사 발화와 관련된 쟁점 인식을 증진시켰는가? 이 과업을 수행하고 나서 교사의 수업 말하기에 관련된 주제를 잘 이해하게 되었는가? 더 찾아보고 싶은 것이 생겼는가?

알 림

이 과정의 자료는 부분적으로 Ray Lister를 인용한 것이다.

2.2 질문 언어

언어 교사는 수많은 질문을 한다. Sinclair와 Coulthard(1975)에 의하면 질문은 수업에서 가장 보편적인 유형의 발화다. 질문은 예를 들어, 사람들과 어울리기, 배경 지식 제공하기, 어휘 점검하기, 학습 점검하기, 의견 구하기 등과 같이 다른 목적을 가질 수 있다. 교사들은 보통 수업 내용을 이해시키기 위해 질문을 계획하지만, 이 질문이 학습자에게는 인지적이고 언어적인 요구를 한다는 것을 별로 중요하게 고려하지 않는 듯하다. 학습자는 질문을 이해하고 질문에 반응하는 두 가지 경우 모두 인지적이고 언어적인 요구에 대면해야 한다.

이 과업의 목표는 언어 수업에서 몇 개의 질문들과 질문과 응답의 쌍을 수합하도록 하는 것이다. 수합된 자료들을 분류하여 분석할 것이다.

 수업 전

1. 관찰할 수업을 정하라.
2. 곧 바로 이 과업에 대해 읽어라.

수업 중

1. 교사의 질문을 주의 깊게 들어라. 대략 시간순으로 20개 정도를 수합하라.
2. 이제 몇 개의 교사 질문과 학생 대답의 '쌍'을 주의 깊게 들어라. 여기서 쌍이란 교사의 질문에 의해 유발된 교사와 학생의 대화(exchange)를 의미한다. 예를 들어, '교사 질문+학생 대답'과 같은 단순 쌍이거나 좀 더 복잡하게 '교사 질문+교사 보충 질문 + 학생 대답 + 다른 학생 대답'과 같은 것이 될 것이다. 보통 보면 이 쌍의 경계는 비교적 명확하다.
  다섯 개 정도를 충실하게 기록하도록 하라. 수업 중 어느 부분이든 상관없다.

수업 후

1. 수합한 20개의 단순 질문을 먼저 대상으로 예상되는 반응의 관점에서 이것들을 살펴보라. 각 질문에 간단한 응답을 적게 되면 도움이 될 것이다.
2. 이제 이 질문들을 예상되는 응답을 고려하여 유형화한 질문 범주로 분류하라. 아래에 범주가 제시되어 있다. 이들 사이에 서로 겹치기도 하고, 물론 다른 범주를 이것들 대신이나 혹은 추가하여 사용할 수도 있다. 이분법적인 범주에 따라 유형화할 수도 있다. 예를 들면, 선지식을 공유하기 위한 질문과 새로운 정보를 요구하는 질문, 대답의 '형식'에 초점을 두는 질문과 응답의 의미에 관심을 두는 질문과 같이 말이다.

다음은 다른 방식의 질문 유형들이다. 처음 틀을 만들 때에는 도움이 될 것이다.
 - *네-아니요로 답하는 질문(Yes/No questions),* 즉, "여기 여인을 그린 그림이 있지요..전에 이 얼굴을 본 적이 있어요?"

- *간단한 대답/반응 스타일 질문(Short answer/retrieval-style question)*, 즉, "그녀는 이 영화에 대해 무어라고 했지요?"
- *개방형 질문(Open-ended questions)*, 즉, "누구에게 전화할 수 있었을까요?"
- *확인 질문(Display questions)* (이미 질문자에게 알려준 정보를 확인하는 재질문), 즉, "이 펜이 무슨 색이라고?"
- *참조 질문(Referential questions)* (새로운 정보를 요구하는 질문), 즉, "대학에서 무얼 공부했지?"
- *기억을 요구하지 않는 창의적 질문(Non-retrieval, imaginative questions)* (학습자에게 기억을 되살려 정보를 불러오는 것을 요구하지 않지만 대신 정보 추론이나 주장이나 판단이 요구되는 정보를 촉구하는 질문), 즉, "생각해 봐 작가가 주인공을 동물로 설정함은 무엇을 암시하는 것일까?"

3. 질문을 분류할 때 어떤 *패턴*이 드러나는가? 예를 들어, 수업 유형, 질문이 발생된 수업 단계, 학생들의 나이 등 이러한 패턴을 설명할 수 있는 어떤 *요인(factors)*을 지적해 낼 수 있는가?

4. 학습자의 관점에서 *난이도(difficulty)*의 개념을 살펴보아라. 수합된 질문들을 '쉬움 → 좀 어려움 → 어려움'이라는 연속체로 계층화화라. 난이도를 높이고 있는 요인은 무엇인가?

5. 이제 *질문-응답 쌍(question-and-answer sets)*을 살펴보라. 반응의 복잡성에 따라 다섯 개의 순위를 매겨라. (1)에는 학생들에게 최소한의 도전적인 반응을 요구한 것에, (5)는 학생들에게 매우 큰 도전적인 반응을 요구한 것에.

6. 이들을 살펴보면 *질문의 유형(type of question)*과 *반응의 복잡성(complexity of response)* 사이에 어떤 연관을 찾을 수 있는가?

7. 다음 인용에 대해 어떤 의견을 제시할 수 있는가?

> 교사는 학습자가 내적 지식을 표현함에 있어 특정 질문이 가져오는 어려움의 근원을 분명하고 명확하게 이해하여야 한다. 교사들은 이 질문에 반응하기 위해 학생들이 노력하면서 겪게 되는 인지적 어려움의 수준을 높게 사야 한다.(Tollefson 1989)

이 수업 관찰을 참조하여 당신의 수업에서는 어떻게 질문을 고안하는지 살펴보라. 이번 관찰을 통해 어떤 식으로든 교사로서의 질문 능력을 향상시켰는가? 당신 자신의 수업과 관련해서 살펴보면서, 어떤 부분을 수업에서 더 탐구해보고 싶은가?

2.3 오류에 대한 피드백 언어

배 경

피드백 언어는 수업에서 학생들이 한 반응에 대한 교사의 반응을 가리킨다. 매우 좁은 의미로는, 이 말은 학생들의 오류에 대한 반응을 가리킨다. 대부분의 교사들은 피드백이 긍정적인 강화를 촉진시키고 부정적인 강화를 억제하는 동기 유발적인 가치를 지닌다고 알고 있다. 그러나 피드백이 제공하는 동기 유발적인 가치를 떠나서, 언어학적인 이유와 인지적인 이유 때문에라도 교사들이 어떻게 피드백을 해야 하는지 꼼꼼히 살펴보아야 한다. 학습자의 산출에 대한 교사 반응의 정확한 내용은 학습자의 학습 과정에도 영향을 미친다.

과업 목표

오류 수정에 집중하여 관찰할 수 있다. 이것은 수많은 학생-교사 간 상호작용, 보통 네 가지 *발화 요소(utterance components)*: 교사 질문 + 학생 응답 + 교사의 피드백 + 피드백에 대한 학생의 반응을 기록, 수집한다는 것을 뜻한다.

수업 전

....

1. 관찰할 수업을 정하라.
2. 집중하여 관찰하게 될 네 가지 요소의 발화 패러다임에 익숙해지도록 하라.

 수업 중

....

1. 네 가지 발화 패러다임에 해당하는 표본들을 추출하라. 특별히 학습자의
   오류와 그에 대한 교사의 피드백을 포함하는 사례에 주목한다. 샘플 표에
   꼭 맞아 떨어지지 않아도 상관없다.
2. 어디서든 할 수 있는 대로 칠판이나 시각 자료나 제스처를 이용한다든가
   하는 것처럼 수집한 자료에 정보를 줄 수 있는 비언어적인 표현 등 보충
   자료를 기록하라.
3. 해당 피드백이 전체적으로 긍정적인지(+), 부정적인지(−) 살펴보라.

표 본	보 충 자 료	+ −
교사 질문		
학생 응답		
교사 피드백		
피드백에 대한 학생 반응		

2.3 오류에 대한 피드백 언어

1. Brown(1988:16)에 의하면 피드백이란 진정으로 반응적이어야 한다: '이는 학습자들이 앞으로의 활동에서 참고하기 위해 자신이 생산해내는 것들의 영향을 경험하는 것은 허용해야 한다는 뜻이다.' Brown에 있어 피드백이란 격려 이상의 것이 되어야 하는데, '내용 없고 자동적인 격려는 보통 무의미하기(pointless) 때문이다'(같은 책). 교사의 진정한 반응은 학습자에게 자신들의 발화가 어느 정도 효과적인지를 나타내준다. 교사들의 피드백 언어에 어떤 의미가 있다고 생각하는가? 수업을 관찰하면서 학습자들이 실수에 대한 '효과적인 경험'을 하는지의 관점에서 자료를 살펴보라.

2. 교사의 피드백이 주는 정보 요소가 학습자들의 학습 과정에 중요하다 (Zamel 1981). Zamel에 의하면 피드백이 가장 효과적이 되려면:
   - 해당 언어의 결정적인(critical) 요소를 지적하고,
   - 학생들이 언어의 규칙과 원리를 '스스로 발견할 수 있도록' 정보를 제공하고,
   - 해당 학습자들에게 선택의 모호성을 줄여주어야 한다.

　　수집한 자료를 분석하라. 교사 피드백에서 *정보 요소(information content)*를 주의 깊게 살펴보라. 피드백에서 정보 요소가 학습자에게 어떻게 제공되는지 살펴보라.

   - 정보가 실수한 부분을 명확하게 강조하는가?
   - 정보가 무엇을 선택해야 하는지 규정하여 학습자들의 선택 가능성을 줄여주는가?
   - 학습자들이 수정하도록 도와주는 정보가 학습자들의 이해 수준에 적합한가?

3. 이제 분석을 토대로 다음과 같은 방식으로 조언을 하라.

   a) 정보가 제스처나 시각 자료와 같은 다른 미디어를 통해 강화될 수 있었는가?

   b) 메시지가 과도하지 않고 적절하였는가? 애매성을 증가시키지 않고 감소시켰는가?

4. 지금 여기서 피드백 언어에 대해 설명하고 있는 전제는, 언어 학습자는 '능동적이고 선택적인 정보 수집가로서 이미 머릿속에 기억하고 있는 규칙을 기본 토대로 삼아 새로운 정보를 획득하고 해석한다'(Smith 1971)는 것이다. 이 전제는 행동주의적인 관점이 아니라 인지주의적인 관점이다. 학생들은 자신들만의 '규범체계'를 가지고 언어가 어떻게 사용되어야 하는지 자신들만의 관점으로 이해한다. 학생들은 어떤 언어를 산출하든지 먼저 이 내적 가설로 검증을 한다. 교사의 피드백은 본래의 가설에 약간의 조정을 할 수 있을 정도다. 이런 언어 학습자와 언어 학습의 관점에 대해 어느 정도로 동의하는가? 잘못된 대답에 대해 "좋아요"라고 말하는 것이 왜 혼동을 일으키는가?

5. 교실에서 교사의 주된 역할이 학습자에게 정확한 피드백을 제공하는 것이라는 관점에 동의하는가?

6. 교실에서의 역할과 관련하여, 다음을 살펴보라.

   > 교사의 산출은 학생들에게 투입되어 다음 수행을 결정하게 되고, 학생의 산출은 교사에게 투입되어 그 수행에 대한 반응을 결정하게 되고...... 교수와 학습은 더 이상 배타적인 역할을 하지 않는다.; 수업에서 교수와 학습은 수행자 두 사람 모두와 관련된다: 교사는 가르치는 동안에 다음에 무엇을 해야 하는지를 배우고, 학습자들은 학습을 하는 동안에 어떤 정보가 부족한지에 대해 가르침을 준다. (Zamel 1981: 149)

7. 이 과업을 위해 자료를 수집할 때 교사의 반응이 학습자의 관점에서 격려적인지 아닌지도 주목하라. 피드백에 대한 반응에서 교사의 역할이 어느 정도로 동기유발적인 기능을 가져야 한다고 생각하는가? 어떤

교사들은 예를 들어, 거기에 칭찬이나 비판을 포함하지 않아야 한다고 생각한다(Edge 1989). 어떤 주장들은 그것은 성인 학습자에 해당하는 것이고, 아이들에게는 그들이 학습하는 동안 교사가 동의하는지 아닌지를 아주 명확하게 표현해 주어야 한다고 한다. 어느 편을 따르겠는가?

피드백 언어에 대한 관찰과 분석을 거울로 삼으면 자신의 수업에 대해 어떤 이해가 드러나는가? 자신이 수업에서 사용하는 피드백 언어에 대해 어떤 것들을 더 발견할 수 있는가?

2.4 반향 언어

수업의 한 특성이면서 아마 특별히 언어 수업의 특성이 '반향(echoes)', 즉 학생들의 반응을 교사가 되풀이하지만 그 반응 자체에 대한 것은 아닌 교사의 발화이다. 수업 담화의 측면에서 보자면 이 되새김에는 학생의 말에서 더 이상의 변화가 없다; 이것들은 사실은 (더 나가지 않고 그대로인) '막힌 길(dead ends)'이다.

예를 통해 이 개념을 설명하는 것이 좋겠다. 다음 예들(Lindstromberg 1988) 가운데 (a)만이 교사가 되받아 하는 말이 해당 학생에게 반응을 제공하지 않는 일종의 반향이며, (b)와 (c)에서는 교사가 학생의 말을 계속 진행시키면서 지적하고 있다.

　a) 교사 : 너는 어떻게 생각하니?
　　학생 : He's coming later.
　　교사 : (억양을 그대로 따라 하면서) He's coming later.

b) 학생 : He's coming lately.

교사 : He's coming ......?(교사는 반응을 유도한다.)

학생 : Lately?

교사 : Later.(교사가 바른 표현으로 대체시켜 준다.)

c) 교사 : 너는 어떻게 생각하니?

학생 : He's coming later.

교사 : He's coming later? (교사는 확인하기 위해 예/아니오 식의 질문을 하고 있다.)

학생 : 예.

과업 목표

이 과업의 목표는 수업에서 교사 반응이라는 주제를 깨닫도록 하는 데 있다. 관찰자는 수많은 교사-학생 발화쌍을 수집할 것이다. 이것을 통해서 해당 자료를 분석하고 이러한 교사 행위의 장단점을 살펴볼 것이다.

과 정

 수업 전

1. 관찰할 수업을 정하라.
2. '반향에 대한 개념(앞의 예를 참고)을 익혀라.

 수업 중

1. 반향에 주목하면서 교사가 학습자들에게 하는 반응에 '조응(attuned)'될 때까지 시간(5에서 10분)을 보내라.

2. 그리고는 교사의 반향 3개를 기록하도록 하라. 당시의 '맥락'을 포함하고, 일반적으로 교사의 반향을 이끌어 낸 2, 3개의 발화를 포함하라.

3. 수업 중 교사·학생 상호작용이 포함된 적당한 일정 시간을 정해서(이를테면 15분) 그 시간 동안에 발생한 반향의 수를 세라.

 수업 후

1. 몇 개의 '반향'을 수집했는가? 교사의 행위가 어느 정도로 의식적이거나 무의식적이라고 생각하는가?

2. 교사의 반향이 영향을 미친 곳은?

   a) 학습자에게 즉각적으로?

   b) 일반적인 수업의 상호작용 패턴에?

   c) 교사의 교정 역할에 대한 학습자의 인식에?

   d) 과업을 수행하고자 하는 학습자의 의지에?

3. 수집한 세 개의 예시를 살펴보면, 교사의 반향이 '막힌 길'이라는 데 동의할 수 있는가?

4. 교사에게서 받게 되는 피드백에서 학습자들은 어떤 종류의 정보를 원하는가? 이것을 생각해 볼 때 '반향'이 어떻게 하면 가치 있고 어떻게 하면 가치 없는 피드백이 되는가?

5. 반향을 지지하는 사항들은(Lindstromberg 1988 참고) 다음과 같다.

   – 반향은 학습자들에게 언어 강화를 위한 반복을 제공한다.

   – 목소리가 작은 학생의 수업 기여도에 대한 문제를 해결한다.

   – 발음의 문제로 모든 학생들이 알아들을 수 없는 상황을 해결한다.

   – 잘못을 수정하는 모델을 제공하는 전략으로 사용될 수 있다.

   각 서술들을 어떻게 생각하는가?

6. 반향에 대한 일반적인 비판은 반향은 '자연스러운 반응이 아니다'는 것이다 : 즉, 수업 밖 맥락에서는 이런 반향이 일어나지 않는다는 것이다.(일종의

치료 형태로 발생할지는 몰라도)

    a) 반향은 대부분 배타적인 수업 중 담화 특징이라는 것이 사실인가? 대화 중에 매우 자연스럽게 발생하는 반복의 종류와 반향이 어떻게 다른가?

    b) 담화의 특성이 수업 밖의 상황에서 수용 가능(accetable)하도록 꼭 실제성(realistic)을 가져야 하는가?

반 영

관찰자 자신의 수업에서는 반향의 특성이 어느 정도로 유의미하게 발견되는가? 교사의 행위에서 이런 면을 모니터링하는 데 관심을 가졌는가?

2.5 의미 합의로서의 언어

배 경

지난 10년 동안 언어 학습 연구에서, 중간언어(interlanguage) 연구(예를 들면, Doughty and Pica 1986; Long and Porter 1985)는 수업에서 학습자들이 자료를 가지고 실제적인 참여 과정에서 사용하는 언어는 언어 학습에서 유의미한 요소가 된다는 것을 밝혔다. (Interlanguage란 학습 과정에 있는 비원어민 화자들이 산출하는 언어를 가리킨다.)

Doughty and Pica(1986)이 사용한 '*대화적 조정(conversational modification)*[1]이란 용어는 학습자들이 잘 이해가 안 되는 상대의 말을 이해하기 위해 그리고 개인적으로 의미를 확정하기 위해 그 의미를 협상하면서 사용하게 되는

---

[1] 언어 학습에서 상대가 하는 말의 의미를 모를 때 의미를 확인해 가는 방법 중 하나. 대화를 통해 그 말의 의미를 확인해 가는 방법. 상대에게 그 말의 의미를 물어보거나 반복해 보거나 쉬운 말로 풀어 확인하면서 이해를 촉진해 가는 방법. 다른 하나는 '언어적 조정(linguistic modification)'으로 언어나 문법 구조의 대체를 통해 의미를 확인해 가는 방법. 그 말을 쉬운 말로 대체해 주거나 쉬운 문법 구조를 통해 이해하는 방법이다.

매우 다양한 수단들을 가리킨다. 추론해 보자면 학습자들이 의미를 협상할 수밖에 없을 때, 사용하는 바로 그 과정이 그들이 언어 학습에 도움이 된다는 것이다. 대화 조정에는 많은 핵심 과정들이 있는데, 다음 페이지에서 상세하게 살펴볼 것이다.

과업 목표

이 과업의 목표는 대화 조정과 그것을 촉진시키는 요소들을 민감하게 생각하도록 하는 것이다.

과 정

 수업 전

1. 많은 대화 조정이 존재할 것 같은 수업을 관찰 대상으로 정하라. 연구에 의하면 대화적 조정이 많은 수업에는 몇 가지 특성이 있는데, 예를 들면 다음과 같은 것들이다.
   - 어려운 문제가 포함되어 있음이 명확하게 드러나는 수업
   - 정확한 표현보다는 의미에 초점
   - 학습자들이 정보의 차이를 메우기 위한 활동 과제를 하면서 모둠원들이 해당 과제를 완수하기 위해 각각 상대방의 정보에 의존함.
2. 의미 합의를 하기 위한 언어 행동의 다음 범주에 익숙해져야 한다(Doughty and Pica 1986: 313).

확인 점검
   학습자들이 자신들이 이해하고 있지만 확인하기 위해 다음 예와 같이 점검하는 것

A : 멕시코 음식에 궤양이 많아. Mexican food have a lot of ulcers.

B : 멕시코인들이 궤양을 많이 앓아? 음식 때문에? Mexicans have a lot of ulcers? Because of the food?

이해 점검

청자가 제대로 이해했는지 화자가 다음 예과 같이 점검하는 것.

A : 내 말이 무슨 뜻인지 알겠어?

명확성 요구

한 대화자가 의미를 완전하게 이해하지 못해서 다음 예와 같이 명확하도록 요구하는 것.

A : 그녀는 생활보호 대상자야.

B : 생활보호라는 게 무얼 의미하지?

반복

화자가 실제적인(혹은 자신이 지각한) 의사소통의 실패를 회복하기 위해 자신의 발화(혹은 상대방의 발화)를 반복(혹은 재진술)하는 것

A : 그녀는 생활보호 대상자야.

B : 공장에서 일하는 것으로 알고 있는데.

A : 아니, 그녀는 직장을 잃었어. 그녀는 생활보호 대상자야.

 수업 중

수업 중 일정 시간 동안 다음 표를 사용하여 학습자가 다른 학습자나 교사를 상대로 의미를 협상하기 위하여 대화적 조정에 사용한 언어 행동 몇 가지를 기록하라. 학습 활동을 수행하는 모둠 속에 들어 앉아 녹음할 수도 있다.

각 경우의 '언어'줄에 초기 발화, 반응 그리고 그에 대한 반응(혹시 있다면)을 기록하라. 해당되는 참여자들도 표시하라. 나중에 그 언어 행동이 어떤 유형이었는지 의미 협상에 성공적이었는지 살펴보게 될 것이다.

언 어	참 여 자	행동 유형	결과 성공
A: B: C:	A = B =		

2.5 의미 협상으로서의 언어

 수업 후

1. 표의 오른쪽 두 열을 살펴보아라. 수집된 자료를 어떤 유형의 언어 행동이 사용되었는지에 따라 분류하라. 각 경우에 그 결과에 대해 부언하라 : 의미 협상이 성공적이었는가?
2. 대화적 조정이 발생한 학습 맥락을 만들기 위해 어떤 종류의 요인이 도움이 되었는가? 몇 가지는 앞서 설명했다('수업 전'을 참조).
3. 몇 가지 전형적인 대화적 조정 과정을 하도록 학생들에게 요구하는 학습이 학습자들에게 가치 있다고 생각하는가 아니면 꼭 필요한 것은 아니라고 생각하는가?
4. Brown(1988 : 9)에 의하면, 교사들은 학습자들이 '의미를 명확하게 해야 할 때 대화적 조정을 사용할 수 있도록' 기능을 신장시킬 수 있도록 목표를 설정해야 한다. 이것은 오류에 '탐닉(indulgence)'하는 교사들에게 매우 큰 시사를 한다. 교사가 오류를 허용하는 것과 학습자가 의미를 협상하는 것 사이에 어떤 연계가 있다고 생각하는가?
5. 대화적 조정을 권장하는 교수 유형은 오류를 최소화하는 교수의 유형과 크게 다르다. 이런 유형의 교수 학습의 배경이 되는 전제가 무엇이라고 생각하는가?

관찰자의 수업을 되돌아볼 때 이 관찰에서 얻은 것이 무엇인가?

3. 학습

3.1 학습 환경

배경

학습자들이 수업 진행에 부담 없고, 편안하고, 긴장하지 않고, 흥미를 가지고, 포함되었을 때, 그리고 계속적인 동기를 가지고 있을 때 가장 잘 배울 수 있다는 데에 이의를 제기하는 사람은 없다. 애석하게도 학습에 도움이 될 만한 환경을 조성하는 데 필요한 엄밀하고 결정적인 목록은 없다. 이 글에서는 예를 들어, '교사가 자주 웃으면 학생은 편안을 느낀다'와 같이 터무니없을 만큼 단순한 이야기는 하지 않을 것이다. 그럼에도 불구하고, 학습에 영향을 미치는 요소들에 대한 깨달음을 발전시키면 많은 것들이 얻어질 것이다.

과업 목표

학습 환경에 대한 관찰자의 깨달음을 정련하기 위해 이 과업을 계획하였다. 관찰자는 수업 동안에 학습자들에 더 나은 환경을 제공한다고 생각할 만한 것들을 찾을 것이다. 역으로, 학습을 방해하고 학습 환경의 효과를 감소시키는 요인들을 깨닫게 된다.

넓게 보자면, 관찰자는 교실의 크기, 좌석 배치, 음향, 교사 행동의 양상,

교실의 역동성과 같은 영역을 포괄하는 요인들을 관찰할 것이다. 또한 수업 중 짧은 시간 동안 한 학생을 중심으로 이 학생의 학습에 포함되는 외부적 요인들을 기록할 것이다.

이 과업의 어려움은 학습 공동체 안의 '외부인'의 존재 자체가 미묘하게, 아마도 감지할 수 없을 정도로 영향을 미친다는 것이다. 이 어려움은 피할 수 없지만 그래도 관찰자의 노력으로 자신의 존재가 티가 나지 않게 하여 최소화할 수 있을 것이다.

과 정

수업 전

1. 관찰할 수업을 정하라. 되도록 읽기와 쓰기에 집중된 수업은 피하라. 이러한 수업은 수업중 단계 4에서 관찰할 것이 없을 수도 있다.
2. 제시된 표를 잘 살펴보아라.

수업 중

1. 수업을 잘 볼 수 있지만 관찰자의 존재가 가능하면 방해가 되지 않을 곳에 앉아라.
2. 수업 전반에 걸쳐 가능하면 효과적인 환경, 수업 분위기, 여기에 영향을 미치는 다양하고 역동적인 요인들을 파악하는 데 초점을 맞추어라. 교실의 음향 혹은 온도, 편안함 혹은 자리 배치, 교실의 시각적 매력, 교사 음성의 질, 어조 또는 크기 등 학생에게 외부적인 요인들도 고려하라.
3. 순서와 관계없이 파악되는 대로 이것들을 기록하라(표 3.1a 참조). (수업 후

후속 작업으로 이 자료들을 분석하고 범주화할 것이다.)

요인/항목 칸에 이것들을 열거하라. 기억을 위한 기록 칸은 자세하게 기억하는 데 도움이 되도록 정보를 간단하게 메모(예를 들어, 수업 국면, 맥락)하는 공간이다.

4. 관찰자에게 부과된 두 번째 작업은 한 학생의 수업 중 집중 양상을 그래프화하는 것이다. 관련되는 내적 외적 요인들을 모두 파악하는 것이 중요하지만 내적 요인은 관찰할 수 없기 때문에 외적 요인만 가지고 추정할 것이다. 덧붙여, 기분을 나타내기 위해 동그란 얼굴 모양 (표 3.1b 참조)을 그려도 좋다(Woodward 1991).

위의 활동에서 약 12분을 사용하여 한 학생에게 집중한다. 잘 보이는 학생을 택하되 주목받지 않도록 조심하라. 표 3.1b를 활용하라. 수평축은 집중도를 의미한다. 각 포인트마다 수직축에 예를 들어, 교사의 질문하기, 학생의 낙서하기, 학생의 교실 주변 응시하기, 학생의 칠판 베끼기와 같이 학생 주변에 무슨 일이 있었는지 기록하라.

요인/항목	기억을 위한 기록
− 큰 교실, 환기가 잘 됨 − 교사(T)가 학생들(SS)에게 긍정적으로 반응 − 격려됨	− − 답변 유도 국면, 수업 시작 후 7분

3.1a 효과적인 학습 환경 요인

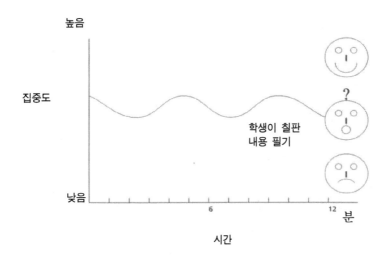

높음

집중도

낮음

학생이 칠판
내용 필기

6   12 분

시간

3.1b 12분 동안의 학생의 집중 패턴 그래프

 **수업 후**

1. 요인/항목 칸에 있는 정보들을 살펴보아라. 3.1c를 활용하여 요인들을 예를 들어, 물리적 요인들(교실 크기, 환기); 교사 행위(미소, 고개 끄덕거림과 같은 긍정적 강화 스타일)과 같이 범주화하라.

A	B	C	D
물리적 요인들	*교사 행위*		
교실 크기 *환기*	*미소* *고개 끄덕거림* *이름을 부름*		

3.1c 범주

2. 관찰한 모든 것을 논평하라 :
   - 놀라웠던 것;
   - 당황 스러웠던 것;
   - 염려스러웠던 것;
   - 영감을 받은 것;

3. 수업 분위기를 개관해 볼 때 어떤 패턴이나 경향이 나타나는가? 수업 중 눈에 띄는 언어 패턴과 관련되는가? 여기서 노출된 것에 기초하여 과감한 일반화를 할 수 있는가? 어느 정도는 외적인 신호와 징후를 가지고 내적이고 비가시적인(즉, 학습)에 대해 일반화했다는 것도 고려하라.

4. 이제 해당 수업 시간 동안 한 학생의 집중도와 추정한 기분을 그래프화한 3.1b을 살펴 보아라. 해당 학생의 집중력에 영향을 준 것을 보이는 외적 요인들에 대해 논평하라.

5. 지도 교사들은 딱 하나의 좋은 그리고 이상적인 교수법 스타일은 존재하지 않다는 것과 교사들 수만큼 스타일이 존재한다는 것을 강조하려고 애쓴다.
   a) 관찰자도 동의하는가?
   b) 좋은 언어 교수법과 연관되는 스타일적 특징은 어떤 것들이 있는가?
   c) 스타일의 개념은 어느 정도로 가르쳐지고 학습될 수 있을까?

반 영

관찰자 자신의 수업 환경적 특징에 대해 이야기해 보라고 한다면 무슨 말을 할 수 있겠는가? 이런 환경을 조성하는 의식적인 전략을 규정해 낼 수 있는가?

3.2 학습 점검

배 경

모든 학생들이 가르쳐지는 내용을 처음 배우는 순간 동시에 습득한다면,

그리고 모든 학생들이 모두 똑같이 잘 배우고 빨리 배운다면, 가르치는 것은 지금보다 훨씬 나을 것이다. 실제로는 학습자들이 교사들의 가르침을 항상 모두 배우는 것은 아니다. - 덜 배우기도 하고, 다른 것(더 가치가 있는?)을 배우기도 한다. 동일한 방식과 동일한 수준으로 배우지 않는다. 실제로는 모든 학생들에게 예측 가능하고 일반화할 수 있는 요소가 없다. 그래서 교사들은 학습자들이 학습을 하고 있는지, 잘 했는지 점검할 수 있는 전략을 개발해야 한다.

과업 목표

이 과업은 교사가 학습을 점검하는 것을 모니터링함으로써 학습을 모니터할 수 있도록 설계되었다. 관찰자는 학습을 모니터링하면서 사용되는 언어에 주목하여 각 학습 점검이 무엇을 달성하는 가를 살펴볼 것이다.

과 정

 수업 전

1. 가능하면 새로운 언어를 설명하는 내용이 포함된 수업으로 관찰할 수업을 정하라.
2. 수업 목표에 주목하여라.
3. 제시된 표와 채워넣게 될 구체적인 항목들을 잘 살펴보라.

 수업 중

제시된 표를 활용하여 해당 교사가 학습자들의 이해를 어떻게 점검하는지 모니터링하라. 교사의 점검에 대해 대개 5개 정도의 사례를 수집하라.

1. 학습을 점검하기 위해 교사가 사용한 발화를 적어라.(비언어적 신호를 포함하여)
2. 각 경우에 교사가 무엇을 점검했는가?
3. 예를 들어, 학생들이 혼동한 듯 보이거나, 수업의 논리상 필연적인 단계이거나, 많은 학생들이 반복적으로 유사한 잘못을 하고 있거나와 같이 교사에게 점검을 유발한 계기가 무엇인지 파악할 수 있는가?
4. 학생들은 그 점검에 어떻게 반응하였는가?
5. 있다면, 후속적으로 어떤 일이 있었는가?
6. 학습 점검의 성과는 무엇인가?
7. 교사가 학습을 점검하지 않았지만 관찰자라면 점검했을 사례 혹은 교사가 학습 점검을 하였지만 관찰자라면 점검하지 않았을 사례도 파악하도록 노력하라.

1	2	3	4	5	6
어떻게 점검했는가?	*무엇을* 점검했는가?	*왜* 점검했는가?	학생은 *어떻게* 반응했는가?	*무엇이* 후속되었는가?	학습 점검을 통해 *무엇이* 이루어졌는가?
'그녀는 여전히 뚱뚱한가?'	'use to'의 시제에 초점을 맞춤	새 언어의 개념을 확립하기 위해	'아니오, 그렇지 않아요.'	교사 확인 ('맞아') 다른 학생 점검	의미 확립 +확인, 수업 다음 국면으로 이끎.

3.2 학습 점검

![수업 도구 아이콘] **수업 후**

....

1. 수집한 자료를 해당 교사와 공유하고, 해당 교사의 관점에서 보인 점검 과정에 대해 이야기를 나누어라.

2. 마지막 칸 ─'학습 점검을 통해 무엇이 이루어졌는가?'─ 에 대해 생각해보라. 관련된 정보를 추가하라.

3. 수집한 다섯 개 이상의 자료에 주목하면 다음 중 하나라도 가능한가?
   - 이름짓기
   - 유사성에 따라 무리짓기
   - 관찰자의 판단 기준을 제시하여 순위매기기

   학습점검을 위한 질문이 특별한 유형이 될 수 있을까? 동의한다면, 이 책에서 언급하고 있는 질문 유형을 매우 구체적으로 기술하도록 하라.

4. 일반적으로 점검의 목적(칸 3)과 점검의 결과(칸 6)이 밀접하게 연계되었는가? 그렇지 않다면, 표에서 어떤 요인과 연관되는가?

5. 관찰자 생각으로는 학습 점검을 해야 할 것 같은데 교사가 하지 않은 경우가 있었는가? (혹은 관찰자는 점검하지 않았을 곳에서 교사가 점검한 경우는?) 무엇을 그리고 왜 점검했을까를 생각해보고 이것이 수업에서 발생한 사건과 어떻게 다른가를 생각해보라. 이에 대해 해당 교사와 이야기를 나눌 수도 있을 것이다.

6. 제시된 수업 목표에 대해 다시 살펴보라. 달성되었는가? 관찰자는 어떻게 알았는가? 학습 점검이 어떤 식으로든 수업이 목표를 향하도록 추진되었는가? 수업에서 학습을 모니터링한 것이 수업 목표의 달성이나 실패에 어떻게든 연관이 되는가?

7. 학습은 정보를 처리하고 새로운 정보를 선이해의 관점에서 평가하는 것이다. 수업에서 학습자가 새로운 개념에 대한 의미, 문법 구조, 어휘와 같은 의미를 처리한다는 증거를 포착하였는가? 어느 정도로 교사는 '학생들의 머릿속을

들여다보고(tap into the student's head)' 의미 처리의 상태를 추정하였는가?
8. 수업 중 교사가 내린 결정에 학습 점검이 어떤 영향을 끼쳤는가에 대한 의견이 있는가?

이번 관찰이 관찰자의 인식을 어떻게 높였느냐에 대해, 다음 서술 중 어느 것에 해당하는지 선택함으로써 자기 경험을 논평하라.
- 이번 수업에서 나는 이미 알고 있는 것을 발견하고 확인하였다..
- 이번 수업에서 내가 짐작은 하였지만 철저하게 생각해 본 적이 없었던 것을 발견하였다.
- 이번 수업에서 이전에 생각해 보지 못했던 것을 발견하였다.
- 이번 수업에서 앞으로 내가 무엇을 추구해야 하는지 발견하였다.

3.3 학습과 교수의 비교

교수와 학습이 같지 않다는 것은 오래 전부터 알려진 사실이다. - 교사가 가르치기 위해 교실에 가져 간 내용이 학습자가 같은 수업 내용으로 지각하거나 학습자의 면에서 달성한 학습과 일치하지 않는다는 것이다. 이것은 의미의 구축이라는 것이 필연적으로 개별적인 경험이기 때문이다.

이번 단원은 Allwright(1988)의 '각 수업은 각 학습자에게 다른 수업이다'는 것이 어떻게 그러한지에 주목한다. 교수 설계가 학습자 내에서 학습 방식으로 어떻게 실현되는지를 살펴볼 것이다..

이런 유형의 과제에서의 어려움은, 학습 점검에서 많은 양상들이 그러하듯이, 학습을 직접 눈으로 확인할 수 없다는 것이다. 예를 들어, 교수 목표는, 학습 결과와 혼동되지 않아야하는데 이는 학습자가 입력(input)에 어떻게 반응하느냐가 다르기 때문이다. 그러므로 단순한 공식이나 관찰 가능한 자료에만 기초하여 결론을 도출하는 것을 경계해야 한다. 이것을 염두에 두고서, 학습이 어떤 학습자들에게 어떻게 발현되는가에 대한 고찰을 진행할 것이다.

이 과업에서는 다른 관찰자와 협력하여 같은 수업이 다른 학습자들에게 어떻게 이해되는지를 보기 위해 각 학습자들이 학습에 기여하는 것을 비교할 것이다.

다음 두 가지 방식 중 한 가지 방식으로 과업을 수행할 수 있다.
  a) 수업 중 과업 활동을 수행하는 한 쌍의 상호작용을 녹음한다. 그러면 전사된 상호작용이 정밀한 조사의 주제가 될 것이다.
  b) 동료와 함께 한 수업을 관찰하면서 각각이 한 모둠 안에 있는 다른 학습자 한 명씩에게 집중한 다음 나중에 서로 기록을 비교한다.

생생한 관찰을 선택하여 수행하였다면 다음에 제시될 '수업 중'의 지시에 따르라. 그렇지 않고 전사를 택했다면 그 전사본에 동일한 지시를 적용하라.

 수업 전

1. 관찰할 혹은 녹음할 수업을 정하라.
2. 수업 설계, 교수 목표와 개관된 진행 과정을 잘 살펴보라.

수업 중

....

짝 활동 동안, 각 관찰자는 그 중 한 명(X 혹은 Y)에게만 집중한다. 다음 안내에 따라 상호작용을 기록하라.

    a) X(혹은 Y)가 무엇을 하는가?

    b) X(혹은 Y)는 무엇을 학습하길 원하는 것으로 보이는가?

    c) 관찰자의 의견으로는 X(혹은 Y)는 이 수업에서 무엇을 학습한 것으로 보이는가?

수업 후

....

1. X와 Y에 대한 관찰자 각각의 분석을 비교하라. 다음 질문을 가이드로 활용하라.

    a) 이 둘은 어떻게 비교되는가?

    b) 이 경험이 각자에게 어떻게 다른가?

    c) 서로가 상대의 경험에 어떤 영향을 끼치는가?

    d) 교사는 어떤 영향을 끼치는가?

    e) 주관적으로 진행된 관찰자의 분석이 어느 정도로 절충되는가?

2. 학습은 개인적으로 유의미하고 학습자와 관련된 의미의 구조화와 재구조화를 통한 처리 과정이다(Williams 1989). 구정보를 재평가하여 이것을 새로운 것에 연결시키는 것이 학습을 구축하는 것이다. 이 수업에서 학습자들의 관찰과 분석을 통해 이러한 처리 과정의 어떠한 증거를 발견하였는가?

3. Allwright은 교사-제작 수업 지도안은 융통성이 있거나 없거나를 막론하고 '현실적으로(reality)' 학습자들이 수업에 제공하는 것들을 간과하는 경향이 있다고 믿는다. 학생들이 수업에 제공하는 것 중 어떤 것들이 그들의 학습

과정에 영향을 미치는가?

4. 한 수업이 각 학습자에게 다른 학습이 된다면 교사는 학급 전체를 위해 학습 내용을 어떻게 조정하여 제공할 수 있는가?

5. 교수/학습 사이의 불일치가 다음에 대해 시사하는 점은?
   - 교사의 수업 준비?
   - 교실에서 교사의 결정 내리기?
   - 교육과정 설계?

6. 수업 후 학생들에게 무엇을 배웠는지 묻는다면 어떤 답을 얻을 수 있을까? 이것이 제시된 수업 목표와 어느 정도 같을까?

이와 관련해서 교사의 동의하에 다른 수업을 관찰할 수도 있으며 설문조사를 통해 각 학습자가 생각하는 수업 목표를 알아볼 수도 있다.

반 영

이번 관찰의 경험을 관찰자 자신의 수업에 적용하고 싶을 것이다. 수업의 끝 무렵에 학생들에게 이 수업이 의도한 목표가 무엇이라고 생각하는지 질문하라. 그리고 그 답을 자신이 의도했던 목표와 비교하라. 그러면 교수와 학습의 일치와 관련된 단서를 잡을 수 있다.

알 림

이 과업은 1988년 1월 호주 시드니에서 열린 6차 TESOL 여름 캠프에서 이 주제로 열린 Dick Allwright의 세미나에 참석했던 경험으로부터 온 것이다.

3.4 학습 목표

목표에 대한 이해는 수업 설계와 조직에서 중요한 요인이다. Brown(1988)은 목표를 명확히 하여 분류하는 방법을 제시하고 있는데, 여기에서는 교육적 목표, 언어 학습 목표, 사회적 목표로 구분하고 있다.

1. 교육적 목표: 과정 전체에 걸친 목표로서 단기 목표와 장기 목표가 있다.
2. 언어 학습 목표: 해당 수업 수준으로 수업의 어느 한 단계 혹은 하위 단계에서 학습자들에게 요구되는 행동의 이유와 관련된다.
3. 사회적 목표: 해당 수업의 사회적 분위기와 학습자들에게 요구되는 역할과 관련된다.

목표를 인지하고 분류하는 다른 방법으로는 과업과 언어라는 두 수준으로 나누는 것이다(M. Williams, 사신). 과업 수준에서 목표는 예를 들어, 설문에 근거하여 어떤 주제에 대한 다른 학우들의 태도를 파악하는 것과 같이 보통 언어적이지 않다. 언어 수준에서는 태도에 대한 설문에 근거하여 정보를 구하는 언어를 연습하는 것과 같이 언어적 목표를 기반으로 하고 있다.

수업의 여러 국면에서 보듯이 이해를 하는데 도움을 주는 것들은 학습자의 내적인 것과 같이 비가시적인 것이라는 것을 염두에 두어야 한다. 관련된 다른 위험으로는 교수 목표와 수업 결과를 일대일 일치시키는 것이다. 이런 커다란 어려움이 있음에도 불구하고 수업을 통해 제공되는 입력 내용에 대한 학습자의 반응을 살펴보아야한다. 이러한 점을 깨닫는 것이 우리의 이해를 관찰되는 자료에만 제한하는 것을 예방할 수 있다.

이 과업은 학습 목표에 대해, 그리고 그것이 실제 수업의 가르침과 어떻게 연계되는지에 대해 깨닫도록 계획되었다. 교사가 감지하여 설계한 이 목표가 학습자들과 어느 정도로 공유되고 학습자들에게 어느 정도로 공람할 수 있도록 되었는가에 의문을 가지고 살펴본다. 수업 후에 수업 목표를 깨닫는 것이 학습자들에게 유용했는지, 전체적인 계획에 어떻게 들어맞았는지를 살펴볼 것이다.

과 정

 수업 전

1. 관찰할 수업을 정하라. 그리고 해당 교사와 만나 수업 목표에 대해 이야기하라.
2. 제시된 표에 이 목표들을 열거하라.

 수업 중

1. 수업을 관찰하면서 표의 중앙 칸에 교사의 목표가 학습자들에게 명시화되었는지(가능하면 어떻게) 기록하라.
2. 오른 쪽 칸에 학습자들이 교사의 언어 혹은 행동을 통해 수업의 목표를 어떻게 알게 되었는지 기록하라.

교사의 목표	명시화되었는가? 어떻게	현장 기록
		'오늘은 우리가...'

3.4a 학습 목표

 수업 후

1. 작성한 노트를 공유하면서 이를 기본으로 삼아 해당 교사와 수업에 대해 이야기를 나누어라. 어느 정도로 관찰자의 인상이 교사의 의도와 들어맞는가? 학습자들은 어느 정도로 학습 목표에 '인도되었는가'(were inducted)도 살펴보라.

2. 수업 전에 기록하였던 교수 목표의 목록들을 다시 살펴보아라. 이들이 무작위 순서로 작성되었을 것이다. 이번에는 목표들을 다시 살펴보아 체계적인 틀로 기록하고, 특별한 방식으로 분류하거나 중요도에 따라 순서를 매기거나, 다른 기준을 사용하여 순서를 매겨라. 어느 정도로 실제 수업이 교수 목표를 충족시켰는가? 이 주제로 해당 교사와 함께 이야기를 나누면서 서로의 인상을 비교해 보아도 좋다.

3. 학습자들이 수업 목표가 무엇인지 알 필요가 있는가? 그것은 수준에 따라 다르다는 의견이 있다. 예를 들어, 상급 수준 학습자들은 자신들의 학습 목적, 목표, 경로에 대해 분명히 알고 있고, 학습 목표를 결정하는 데 있어 '알고 있는 참여자'(knowing participant)가 되기를 기대한다.

학습자들이 항상 교사가 어떤 방향으로 가고 있고 어떻게 거기에 이르길 의도한다는 것을 깨달아야 하는가? 이 주장에 대해 어떤 식으로 그 질적 가치를 따지는가? 학습자를 알고 있는 참여자로서 어느 정도로 포함시켜야 하는가를 결정하는데 필요한 요인들을 살펴보라.

4. 극단적인 두 가지 수업 유형을 살펴보라. A 수업에서는 교사의 목표가 수업 설계에는 기록되어 있거나 교사의 머릿속에만 존재하고 학생들과 공유하지 않는다. B 수업에서는 이 수업이 주간 계획에 어떻게 자리잡고 있는지 설명하는 것으로 수업을 시작한다. 그리고 교사는 수업의 목표를 서술하고 수업의 중요 국면에서 학생들이 무엇을 해야 하는지의 배경 이유를 설명한다.

다음 표를 활용하여 두 가지 유형이 드러내는 교사들의 이론을 반영해 보라.
- 사람들이 학습하는 방법;
- 교사와 학습자의 역할;
- 학습의 책임이 누구에게 있는가;

그리고 관련된다고 생각하는 다른 기저의 전제들.

전 제	수업 A	수업 B
사람들의 학습 방식		
교사/학습자 역할		
학습의 책임		

3.4b 교사의 기저 이론들

5. 달성을 위해 교사가 설정한 것과 평가 도구와 과정 사이의 연계에 대해 논평하라.

관찰자는 어느 정도로 교수를 위한 목표에 대해 계획을 세우는가? 이런 목표들을 유의미한 방식으로 분류하는가? 관찰자가 가르치면서 학생들을 위해 세운 목표를 학습자들은 어느 정도로 깨닫는가? 이와 관련하여 당신의 '의사 결정'을 뒷받침하는 전제를 생각해보라.

3.5 어휘와 학습

전통적으로 어휘는 학습 교육 과정에서 단독적으로 중요한 부분으로 보다는 문법 패턴 연습에서 대비책으로만 사용되었을 뿐 교사에게서 가장 눈에 잘 띄는 우선 순위를 차지하지 못하였다. 이것은 학습자의 어휘 인식과 크게 대조된다 : 아주 자주 학습자는 언어 학습을 알고 있는 개념에 대해 이름을 새로 배우는 것과 동일시한다. 최근의 연구(예, Lipa 1990)는 어휘의 어려움에 대해 교사와 학습자의 인식이 크게 다르다는 것을 보여주고 있다.

이 과업은 언어 교수와 학습에서 어휘의 위치에 집중한다. 특별히, 어휘의 어려움에 대한 교사와 학습자의 인식을 대조시킨다.

수업 전

1. 가능하면 구어이건 문어이건 한 텍스트를 포함하고 있는 수업으로 관찰할 대상을 정하라.

2. 수업 전에 교사와 만나 해당 텍스트의 어휘에 대해 이야기를 나누어라. 학습자들은 어떤 어휘를 어려워할 것인가를 교사로부터 알아내고, 제시된 표에 기록하라. (여기서 '어려움'이란 말은 학생들이 이해할 수 없는, 그래서 텍스트의 이해를 방해하는 것으로 느껴지는 단어들을 의미한다.) 관찰자가 학생들에게 어렵다고 생각하는 단어들을 쓰라고 하고 싶다고 교사에게 말하라(수업중 2단계 참고).

3. 또한 준비하면서 해당 텍스트를 분석하고, 학생들에게 어려울 것이라 관찰자가 판단한 단어들을 적어라. 표를 활용하면 어려움에 대한 인식을 기록하는데 도움이 될 것이다.

 수업 중

1. 특히 어떤 어휘에 어려움을 느끼는지에 주목하여 학생들의 텍스트 인식을 모니터하라. 이에 따라 표를 완성하라.

2. 수업 끝 무렵에 교사의 허락을 얻어 10분 동안 학생들에게 자신들이 어렵다고 생각한 어휘들을 기록하도록 하라. 그러면 단순히 수업을 모니터링한 것보다 더 광범위한 표본을 얻을 것이다.

어렵게 느껴지는 단어들		
교사의 측면에서	관찰자의 측면에서	학습자의 측면에서

3.5 어휘와 학습

 수업 후

1. 관찰자의 인식과 교사의 인식과 비교/대조할 수 있도록 학생들의 목록을 정리하라. 어느 정도로 겹치는가?

2. 교사와 학생의 인식차이가 심해/어휘의 어려움의 인식에 대해 행해진 실험에서 교사의 인식과 학생의 인식 사이에 가장 큰 불일치가 있는 곳에서는(Lipa 1990: 157-66) 인식의 차이가 있을 수 있다는 가능성을 전제로 수업이 진행되어야 한다는 것을 함축하고 있다. : '우리는 우리 학생들에게 ... 한 단락 안에서 어려움을 지적하도록 요구하고, 이것을 선택의 빈도에 따라 목록화하고, 의미에 대한 설명과 함께 가르쳐야 한다.'

3. Willing(1988)의 연구는 학생들은 언어 학습에서 어휘의 가치에 아주 큰 비중을 두고 있으며 교사의 비중보다 아주 높다고 주장한다. 이것이 함축하는 것은 우리가 학생들에게 직접적으로 *어떻게 어휘를 배우는지, 어떻게 가르쳐주기를 원하는지*를 물어야 한다는 것과, 우리는 수업에서 학생들이 서술한 학습 선호도에 주의를 기울여야 한다는 것이다.

관찰자의 견해는 어떠한가?

4. 교사들은 어려운 단어들의 의미를 명료화하기 위해 여러 가지 방식의
   전략들을 사용한다. 다음 논쟁들을 살펴보라.
   - 선지도(pre-teaching)(미리 빈 칸 채우기-fill in the hole before you get
     to it) 대 텍스트 내에서 어려운 단어들을 지도(구멍에 도달하여 그 안에
     빠지기-fall in the hole when you get to it)
   - 단어 목록 대 문맥 내에서 개별 단어들에 대한 지도
   - 목표 언어만 사용 대 상응한 번역

이번 경험이 관찰자 자신의 외국어 학습에서 어떤 점을 되돌아보게
하는가? 관찰자 자신의 수업에서 어떤 점을 되돌아보게 하는가? 관찰자
자신의 어휘 지도의 어떤 측면을 생각하게 하거나 재평가하게 하는가?

4. 수업

4.1 수업 설계

수업 설계는 종이 한 장, 수업 목표 등으로 시작되며 여러 절차와 단계
그리고 시기 등을 통하여 끝에 도달한다. 이 관찰에서 우리는 수업 설계를
다른 출발점-완료된 수업에서의 관점-에서 접근할 것이다. 이 수업은
계획하면서 교사가 어떤 결정을 내렸는지 파악하기 위해 이미 가르쳐진
수업에서부터 거꾸로 작업을 할 것이다. 교수 계획은 학습과 자료, 과업 등
수업의 다양한 요소와 관련되는 교사의 연속적 결정으로 볼 수 있다.

여기서 강조되어야 할 점은 계획은 비교적 고정된 활동이지만 교수는 본질적으로 역동적이다. 따라서, 어떤 의미에서 계획은 변경되기 위해 만들어진다―이는 수업이 진행되면서 계획은 어쩔 수 없이 변경될 것이라는 것을 알고 만들어진다. 이렇게 작동중인 'up and running' 결정은 수업 전의 변경보다 덜 중요하지 않다.

과업 목표

이 과업의 목표는 일련의 초점화되고 안내가 되는 질문들을 통해 교사가 수업을 설계하면서 어떤 결정들을 했는지를 추론하는 것이다. 앞으로 보겠지만, 설계란 수업 전에 준비하기 위한 것과 수업 도중에 취해진 결정 둘 다를 가리킨다. 설계를 변경하는 것과 또 그렇게 한 이유는 수업 후에 해당 교사와 협의하는 데 중요한 요소이다.

과 정

 수업 전

관찰할 수업을 정하라. 해당 교사가 얼마간의 생각과 설계나 준비를 하였다면 어떤 유형의 수업인가는 중요하지 않다. 해당 수업 설계안을 가지고 있으면 설계 전과 수업 중 즉각적인 교사의 결정을 구분하여 관찰하는 데 도움이 된다. 수업 후에 해당 교사와 설계 요소들에 대해 이야기를 나눌 것이다.

🔖 수업 중

1. 다음은 언어 수업 설계의 다양한 측면에 대한 질문들이다. 물론 수업의 성격이 질문들이 어떻게 관련되는지를 결정한다 : 역할극이 중심인 수업은 작문 수업이나 문법 분석이 중심인 수업과 다르다. 그러므로 관련되는 측면을 선택하라.

이 수업을 관찰하면서, 교사의 결정과 관련하여 어떤 판단을 할 수 있는가?

1. 특정한 수업 분위기를 조성하는가?
2. 학생들에게 수업 동기를 부여하는가?
3. 언어를 실제 맥락화하는가?
4. 학생들에게 선행 지식을 이끌어내는가?
5. 어휘: 얼마나, 무엇을, 언제, 어떻게 가르치나?
6. 잘 이해하여 학습하고 있는지 점검하는가?
7. 부담 없이 연습에 참여하도록 하는가?
8. 학생들이 규칙을 확인하여 지식을 조직하도록 돕는가?
9. 상호작용의 초점과 패턴에 변화를 주는가?
10. 소통이 활발하도록 학습 활동을 설정하는가?
11. 교사 없이 학생들끼리 활동을 할 수 있도록 활동의 틀을 설정하는가?
12. 수업의 다양한 장면에서 보조 자료를 사용하는가?
13. 수업에 기능들이 통합되는가?
14. 정보가 어떻게 조직되어 공유되는가?
15. 전/후 수업과 연관해서 수업을 끝내는가?

다음 표가 자료 수집에 도움이 될 것이다.

관찰	추론	논의 질문
교사는 그림과 실물을 사용하여 낱말의 의미를 설명한다.	*수업 설계의 근거 – 이 낱말들이 어려우리라고 생각하였다.*	*어려운 낱말들을 어떻게 선택하였는가?*

4.1 수업 설계

2. 수업이 전개되다 보면 해당 교사에게 수업에 대한 다양한 결정에 대해 질문하고 싶은 것들이 있을 것이다. 수업 중에 떠오르는 질문을 노트하라. 수업 끝에 그 노트가 본래의 설계에 더하여 수업 중에 변경한 것들을 재편하도록 할 것이다.

 수업 후

1. 이제 관찰자는 설계 국면 동안에 수업에 대하여 해당 교사가 내린 여러 가지의 결정들에 대해 추론한 매우 구체적인 아이디어들을 가지게 되었다. 관찰자가 추론한 것에 대해 해당 교사와 이야기를 나누어라. 매우 흥미로운 논의가 될 것이다.

2. 실제 수업은 미리 받아본 설계와 다소 다른 경향이 있을 수 있다. 이런 이유로, 교사들은 보통 시간을 들여 설계 국면에 집중해야 하는지에 대해 논쟁을 한다.

   수업 설계를 할 가치가 있는가? 질문에 대한 가상적 대답을 잘 살펴보아라.

   교사 A : 난 항상 수업을 설계해. 왜냐면 그 설계가 나로 하여금 수업 목표와 목적과 다양한 수업의 국면들을 충분히 생각하게 하거든.

교사 B : 난 한 번도 설계대로 가르친 적이 없는데 왜 그게 필요한 거지?

교사 C : 설계가 없다면 수업을 평가할 기준이 없잖아.

교사 D : 광범위한 설계는 할 여지가 있지만 각각의 작은 단계마다 그럴 필요는 없다고 생각해.

교사 E : 난 언제나 설계를 해. 설계가 교사와 마찬가지로 학습자들, 수업과 관련된 모든 사람들이 수업이 어디로 향하고 있는지를 아는 것이 중요하다고 생각하거든.

어느 대답이 편안하게 느껴지는가?

수업 설계를 통해 어떤 가치를 얻을 수 있는가?

3. 훈련 과정에 사용되는 많은 수업 설계안들은 이상적이어서, 너무 상세하고 수업에 너무 집중하도록 한다. 이것은 교사들의 주의를 다른 데로 돌려 필요 이상으로 설계에 의존하게 만들거나 융통성 없이 딱딱하게 가르치도록 할 수 있다.

이상적인 것과 실제적인 것의 차이를 메울 수 있으며 또한 관찰자가 실제로 수업 전(설계)과 수업 중(점검, 자문)과 수업 후(평가)에 사용할 수 있는 수업 계획 틀을 설계하라. 해당 교사가 결정해야 할 목록을 일련의 질문으로 열거하면 좋다.

반 영

관찰자는 수업을 설계하는가? 그렇다면 어느 정도로 하는가? 이 관찰 동안에 경험하여 얻은 것을 관찰자의 수업 설계 과정을 개선하고 발전시키는 데 사용할 수 있는가?

이번 관찰은 Sydney English Language Centre에서 1989년에 Jenny Hannan이 제공한 수업 설계 교사 워크숍에 기반하고 있다.

4.2 시작하기와 끝맺기

배 경

가르침의 기본 단위는 수업이라는 것에 많은 사람들이 동의할 것이다. 모든 수업에는 시작과 끝, 혹은 들어가기와 나오기가 있다. 물론 수업에는 그들만의 내적 단계가 있다. 수업의 시작 단계와 끝맺기 단계에는 굳어진 관례와 틀이 있다.

과업 목표

이 과업의 목표는 수업의 시작과 끝을 특징화하는 관례와 틀을 특히 목적에 초점을 두어 정교하게 이해하는 것이다. 관찰자는 수업의 시작과 끝에서 교사가 하는 행동이라는 자료를 수집하기 위해 수많은 수업의 단편들을 관찰할 것이다.

과 정

 수업 전

1. 수많은 수업의 시작과 끝을 보기 위해 관찰할 수업을 정하라.(이 과업을 다른 과업과 통합하여, 시작하기와 끝맺기를 따로 관찰할 수 있다.) 먼저

관찰자가 이해하고 있는 '시작하기'와 '끝내기'가 무엇인지를 규정하여 이 정의에 따라 자료를 수집하여라.
2. 먼저 관찰자가 자신의 수업에서 시작과 끝에 무엇을 하는지를 되새겨 보아라. 이 중 의식적인 것은 얼마나 되는가? '관습적'인 것은 얼마나 되는가? 이제 어떤 것들에 주의를 기울일지 정하라.
3. 자료 수집을 위해 다음에 주어지는 표에 익숙해져라.

 수업 중

표를 사용하여 세 개의 수업에서 자료를 기록하라.
1. 왼쪽 열에는 각각의 열기와 맺기에서 수집한 교사 언어 덩어리를 기록하라.
2. 다음 열에 필요한 비언어적 의사소통(예를 들어, 눈맞춤, 교사 매너)을 기록하라.
3. 각 열기/맺기를 기능의 측면에서 분석하라. 다시 말하면, 각각에서 어떤 일이 발생했는지 살펴보라. 표에 있는 안내를 예로 사용하라.
4. 상호작용의 패턴이 어떠한지 '교사가 전체 학생에게(T-C), 교사가 모둠에게(T-G), 교사가 학생에게(T-S)'와 같이 기록하라.

	교사언어	비언어적 신호	교사 언어 분석	상호작용 패턴
열기1			T 등장, S에게 말걸기 T가 SS 집단과 어울리기 T가 반전체에게 인사	T-S T-G T-C
맺기1			T SS에게 활동 중지 요구 T 수업 목표 재확인 T SS에게 숙제를 상기시킴	T-C T-C T-C

4.2 열기와 맺기

1. '*수업 전*' 활동으로 관찰자 스스로 열기와 맺기를 어떻게 이해하고 있는지 규정하였다. 수집한 자료들을 살펴보면 해당 교사가 관찰자의 규정을 공유하고 있다고 생각하는가? 관찰자의 규정을 이제 어떤 식으로든 수정하거나 다듬고 싶은가?

2. 수업 열기와 맺기의 과정을 못박는 것은 불가능하고 어리석다. 수업 열기와 닫기의 특징을 드러내는 실용적 단계의 넓은 패러다임을 만들어 보아라. 이것들을 가장 적절하다고 생각하는 방식으로 대략 배열하여라. 다음 질문들이 도움이 될 것이다.

열기

a) 교사가 한두 학생에게 말을 하거나 행동을 하는 경우와 전체 학생들을 향해서 하는 경우가 다른가?

b) 교사가 교실에 들어오는 각각의 학생들에게 인사를 나눌 때와 같이 실제 의사소통 상황에서 자연스러운 언어를 노출시키는 것이 학생들에게 얼마나 중요한가?

c) 오늘 하려는 수업을 지난 수업 혹은 다음 수업과 같이 다른 수업과 연계시키는 것이 중요한가?

d) 이전 활동을 복습하는 것과 새로운 내용에 그냥 뛰어드는 것 중 어느 것이 나은 방법인가?

e) 수업 시작 때 학생들이 어떤 느낌을 가지고 있는지가 중요한가? 이와 관련하여 교사는 어떤 식으로 열기를 하는가?

f) 교사가 학생들에게 하게 될 수업이 무엇에 대한 것인지 알리거나 혹은 발견을 통해 그것을 유발시켜야 한다고 생각하는가? 각 전략이 갖는 장점/단점은 무엇인가?

맺기

    a) 갑자기 '중지!'라면서 학습 활동의 끝 신호를 보내는 것은 서서히 수업을 맺는 데 전혀 도움이 되지 않는다! 교사는 어떤 방식으로 학습 활동의 마지막을 수업의 끝으로 쉽사리 이끌 수 있을까?

    b) 학생들에게 질문을 받을 여유를 갖는 게 수업 맺기에 도움이 되는가?

    c) 학생들이 어떤 기분으로 교실을 떠나는지가 중요한가?

    d) 수업 끝에 학습 목표와 교육 내용을 복습하는 것이 중요한가?

    e) 이 수업을 선수 학습이나 후속 학습과 연계시키는 것이 중요한가? 왜 그러한가? 어떻게 연계시켜야 하는가?

3. 이와 같은 맺기를 하려면 충분한 시간이 필요하다는 것을 명심하라. 이것은 속도 조절에 관한 질문으로, 학생들의 요구에 수용하려고 설계한 수업 설계에 따라 엄격하게 수업을 진행하기 어렵다. 맺기를 적절하게 하기 위해서 교사는 수업 막바지에서 어떤 전략을 사용하여 시간을 확보하는가?

4. Maingay(1988)은 관습화로부터의 탈피를 할 필요가 있다고 조언한다. 처음에 아무 원칙 없이 그냥 배우는 기법, 즉 충분히 이해하지 못하고 따라하는 방법은 때로 관습화되기 쉽다. 재검토나 반성이 없는 수업은 관습화된다.

반 영

시작하기와 끝내기에 대한 관찰자 자신의 방식이 관습화되었을 수도 있다. 관찰자 자신의 관습화 정도는 어느 정도 살펴보고 적어보면 측정할 수 있다.

4.3. 학습 활동 국면과 전이

배 경

수업에서는 수많은 일들이 일어난다. 이것들을 몇 개의 수업 활동 국면이나 더 작은 국면으로 나눌 수 있다. 어떻게 이것을 나누느냐는 사용하는 기준에 달려 있다. 두 가지 중요한 기준은 정확성 대 유창성과 같은 학습 활동의 목적, 교사 지시 대 학생 자율과 같은 조직의 방법이다(Byrne 1987). 학습 활동이나 어떤 국면의 끝과 새로운 것의 시작은 보통 교사의 신호를 통해 알 수 있다. 이러한 연결고리는 수업 단계의 방향을 제시해 주거나 혹은 틀을 만들어준다.

과업 목표

이 관찰에서는 관찰자가 수업의 다양한 부분의 배경에 있는 목적들을 조사하여 학습 활동의 유형들에 대해 잘 이해하게 될 것이다. 관찰자는 하나의 연속체의 관점, 좀더 정확하게는 두 연속체라는 관점에서 수업 사건들을 관찰할 것이다. 하나는 정확성-유창성의 기준이고, 다른 기준은 교사 조정과 학생 자율성의 정도이다. 다양한 수업 사건들을 관찰하면서 이것들이 어디에 속하는지 살펴볼 것이다. 덧붙여 관찰자는 수업의 응집성(the lesson's cohesion) 자질- 교사가 수업에서 이정표를 세우고 그것들을 함께 연결시킴- 주목할 것이다.

수업 전

1. 관찰할 수업(혹은 연쇄적으로 일어나는 수업들)을 정하라.
2. 〈그림 4.1〉을 잘 살펴보라. 수평축은 정확성에서 점점 유창성으로 가고
   있다. 수직축은 교사에 의한 통제에서 학습자 자율에 의한 소집단 활동으로
   가고 있다. 수직축을 이해하는 방법은 학습 활동에서 교사의 통제가 얼마나
   요구되는지를 살피는 것이다.

다음은 학습 활동들의 예들이다.
A: 반복 연습(drill)과 몇 가지 게임 유형과 같이 통제된 언어 연습의 목적으로
   교사가 주도하는 활동
B: 모델 대화의 연습과 같이 학습자 주도에 의한 통제된 언어 연습 지향 활동
C: 교사가 전체 학생에게 아이디어를 쏟아내도록 요구하는 브레인스톰 활동과
   같이 유창성 지향의 교사 주도 활동
D: 특정한 패턴만을 연습하는 것이 아니라 학습자들이 스스로 적절한 언어를
   선택하기 위한 소집단 활동, 학습자 간에 정보를 나누는 연습(information-gap
   exercise)과 같이 유창성 지향의 학습자 주도 활동(Byrne 1987).

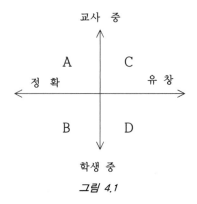

그림 4.1

1. 수업을 관찰하면서 수업 사건들이 발생하는 순서대로 번호를 매겨서 이것들이 네 가지 A, B, C, D 중 어디에 속하는지 간단하게 노트하라. 예를 들어, '2'는 두 번째 수업 활동이며 '반복 연습'은 그 사건을 나타낼 것이다. 이런 작업을 전체 수업 활동을 대상으로 할 수도 있고, 그 중 몇 부분만 할 수도 있다.

2. 한 국면이 끝남, 다음 국면이 시작될 것임을 가리키는 교사의 신호 보내기도 관찰할 수 있다. 그런 신호 다섯 개를 잡아내도록 하라.

〈그림 4.3〉을 사용하면 도움이 될 것이다. 교사가 무어라 말하고 행동했는지 기록하라. 또 〈그림 4.1〉에서 매긴 번호 체계와 같은 표시를 사용하여 수업의 어느 부분에서 그랬는지도 노트하라. 주어진 〈그림 4.1〉의 사례의 의미는 교사가 손뼉을 치면서 크게 '맞아.'라고 말했는데, 두 번째 수업 활동이 끝나고 세 번째 수업 활동이 시작되기 전에 그러했다는 것이다.

사례 번호	교사의 말	교사의 행동	발생한 때
	'맞아-OK.'	손뼉을 침	2 → 3

4.3 수업 국면과 전이

![수업 후 아이콘]

수업 후

1. 이제 자료로 채워진 〈그림 4.1〉을 살펴보라. 시간을 내서 다양한 활동들을 어디에 배열했는지 다시 살펴보라. 배열된 항목 중에서 다른 곳으로 이동되는 것이 나은 것이 있는가? 네 가지 분류 중 하나로 수업 사건/활동을 분류하는 데 어려움을 겪었는가? 이것에 대해 해당 교사와 이야기를 나누어 각 활동들의 목적에 대해 어느 정도로 비슷하게 이해하였는지 확인해보라.

2. 완성된 격자에 대해 어떤 패턴이 있는지, 두드러진 것이나 어떤 경향이 있는지를 검토해 보라. 수업에서 그 자체를 어떻게 드러냈는가?
   다음과 같은 요인들을 살펴보라.
   - 교사/학생들이 말하는 시간;
   - 학생 상호작용의 패턴;
   - 실수에 대한 처리;
   - 교사/학생들의 역할

3. 가능하다면 교사 주도의 정확성 지향 활동과 학생 주도의 유창성 지향 활동과 같이 매우 다른 두 가지 수업 사건을 선택하라. 가능하면 교사의 역할과 교사의 말 사이의 관련성에 대해 이야기를 나누어라.

4. 이제 수집된 신호에 대해 수업 활동의 단계를 지시하는 교사의 스타일 가운데 두드러진 일반적인 패턴이 무엇인지 살펴보라. 수업 활동에 대한 이정표로서 교사가 사용할 수 있는 다양한 기법들을 열거해 볼 수 있겠는가?

5. 신호하기가 교수에서 왜 중요한가? 신호하기가 집중을 시키는 데 어떤 영향을 주는가? 신호하기가 학습자의 동기 유발과 수업 활동 참여에 영향을 미치는가? 신호하기가 수업 활동의 흐름과 진행 속도에 어떻게 영향을 주는가?

6. 신호하기에는 몇 가지 위험스러운 것들이 있다. 예를 들어, 교사의 신호는 학습자 공간을 방해한다. 또 매우 직접적인 신호하기는 모든 학생들의

에너지를 동일한 수업 리듬을 갖게 하는, 즉 교사에 의해 모든 학생이 하나로 되어 버리는 통로로 만든다. 이러한 위험이 있다는 것을 알리고 그런 조짐에 대해 깨닫게 하라.

반 영

이 수업 관찰의 경험이 관찰자 자신의 교수를 재검토하게 하는가? 관찰자는 이것을 어떻게 더 확장시킬 수 있겠는가?

4.4 문법 교육

배 경

언어를 가르칠 때 문법의 위상이 어떠해야 하느냐에 대한 언어 교사들의 논쟁은 가장 뜨거운 논쟁이었을 것이다(예, Prabhu 1987b; Rutherford 1987; Larsen-Freeman 1986; Richards and Rodgers 1986; Harmer 1987). 이것은 수 년 동안 교육의 흐름을 바꾸어 놓았는데 '구조적(structural)' 접근이 의사소통을 핵심으로 '의사소통(communication)'을 핵심으로 하는 기능개념적(functional-notional)접근으로 대체되었다.

여기에서 이론적으로 형식을 가르치느냐, 의미를 가르치느냐, 지식(능력)을 가르치느냐 기능(수행)을 가르치느냐에 대한 논쟁이 있어 왔다. 외국어 수업에서 명시적인 문법과 문법 의식(explicit and conscious grammar)이 어떤 위상을 지녀야 하는지에 대한 물음이 계속 제기되었다. 문법 교수 방식에는 기본적으로 연역적인 접근과 귀납적인 접근이 있다. 연역적인 접근에서는 학습자들에게 언어의 규칙과 세부 정보를 가르쳐 학습자들이 그것을 언어를 사용할 때 사용하기를 기대한다. 귀납적인 접근에서는 의사소통적 접근과 마찬가지로 학습자들에게 문법 규칙을 직접적이고 명시적으로 가르치지 않고, 스스로 언어 사용들로부터 규칙을 유도하도록 한다. 여기서 강조점은 언어에 대한 형식적인(formal) 설명보다는 언어의 경험에 둔다.

이 과업에서는 수업에서 문법의 위상에 대해 살펴볼 것인데, 이에 대해 어떻게 설명하는가, 수업에서 어떤 목적으로 사용되는가, 이것들이 교사의 언어와 언어 학습에 대한 관점을 어떻게 드러내고 있는가를 살필 것이다.

 수업 전

문법이 어느 정도 포함된 수업으로 관찰할 대상을 정하라. 가능하다면, 해당 교사와 수업 전에 미리 만나서 문법적 면에서 수업 목표에 대해 알아보라.

수업 중

수업을 민속지학적으로 기록하라. 말하자면, 수업에서 일어난 주요한 사건들과 그 영향을 연대기적으로 적어 내려가라는 것이다. '실시간으로(real time)' 짧고 개요적으로, 필요한 내용들을 갖추어서 기록하라. 실제 언어들을 대사처럼 적는 것이 아니라 무슨 내용을 말하며 어떻게 했는지 보고서와 같이 적으면 된다. 예를 들면,

교사가 들어와서 ...... 교실 앞에서 전체 학생들에게 인사를 나눈다. 교사는 오늘 어떤 내용을 공부할 것인지 알려준다. 교사는 모든 학생들에게 어제 수업을 회상시켜 오늘 수업에 어떻게 이어지는지 확인한다. ...... 교사는 새로운 패턴을 반복 연습시킨다. ...... 한 학생이 칠판에 적힌 패턴 중 동사의 형식에 대해 질문한다. ...... 교사가 설명한다. 그 학생은 만족한 듯 보이지만 다른 학생이 계속 유사한 질문을 한다. ......

 수업 후

다음 질문들에 답하기 위해 관찰자는 해당 수업에 대한 서사적 기록과 마찬가지로 해당 수업의 장면이나 수업 사건이 발생한 구체적인 맥락을 기억하고 있어야 한다.

1. 해당 수업에서 문법적인 측면이 어느 정도로 핵심 요소였는가?
2. 학생들은 의식적으로 문법에 대해 생각해보는 참여가 가능했는가? 문법 규칙을 학생들에게 설명했는가, 아니면 학생 스스로 규칙에 대해 작업하도록 하였는가? 그때 학생들은 어떻게 해야 하는지에 대해 도움이나 가르침을 받았는가?
3. 수업이 '지식'과 '활동' 중 어느 쪽을 강조하였는지 기술하라. 학생들이 언어가 어떻게 작동하는지를 발견하였는가 아니면 그 언어를 사용하여 무언가를 했는가? 아니면 두 가지 다인가? 그리고 어느 정도인가?
4. 만일 학습자가 언어를 사용하는 활동을 하였다면 어느 정도까지 과업이나 활동이 그들로 하여금 언어 체계와 연결시키거나 추론하도록 하였는가?
5. 학생들이 문법이 포함된 수업에 어떻게 대응하는가의 관점에서 볼 때 학생들 사이에 어느 정도의 학습 스타일이 있다고 할 만한 것이 있는가? 이런 학습 스타일이 어떤 식으로든 교수 스타일과 대조적이었는가?
6. 교사가 언어에 대해 말하기 위해 사용한 언어 그리고 그것이 해당 언어에 대한 이해를 어떻게 촉진시켰는가에 대한 의견이 있는가?
7. 이제 그것이 학생 간이든 교사가 포함되든 수업에서 오고간 언어에 대해

이야기해 보아라. 학습자들이 새로운 정보를 구하고 정보에 통합하려고 노력하고 있다는 것을 보여줄 만한 것이 있는가? 즉, 최근 입력을 기존에 가지고 있는 언어에 대한 가설에 투입하였는가?

8. 다음 질문의 답을 정리하도록 해 보자.

    a) 학생들은 수업 목표가 무엇이라고 생각하는 것 같은가?

    b) 학생들은 이 수업에서 무엇을 얻어 갔는가?

    이제 이 대답들을 수업 목표와 그 과정에 대비해 보자. 학생들이 이 수업이 무엇에 대한 것이고 목표가 어떤 것인지 아는 것이 중요하다고 생각하는가? 교사들이 학생들이 얻어 가도록 설계한 것들을 학생들이 얻어 가는 것이 중요하다고 생각하는가?

9. 관찰한 수업과 논의들을 살펴볼 때, a) 언어가 무엇인지, b) 해당 교사는 언어 학습에 대해 어떻게 생각하는지에 대한 답을 끌어낼 수 있는가? 다시 말해, 교사가 잠재의식적으로 배경으로 하고 있는 이론은 무엇인가? 관찰자는 해당 교사와 이것에 대해 의논하기를 바랄 수도 있을 것이다.

10. 교육에서의 문법에 대한 논의는, Gibbons(1989)가 초점화된 교육의 순환 과정(focused instructional cycles) 대 초점화 되지 않은(unfocused) 것에 대한 설명에서 제시한 것이 문법의 역할에 따라 교육을 분류하는 하나의 방법이다. 초점화 된 교육 순환과정은 문법의 핵심과 같이 특정한 언어 항목에 초점을 두지만, 초점화되지 않은 교육은 기능(skills)과 활동(activity)에 기반들 둔다. 문법이 어떻게 특징을 이루는지 깊게 이해하기 위해 Gibbons의 도식에 맞춰 관찰한 수업을 표시해 보는 것이 좋다.

반 영

일반적으로, 관찰자의 수업에서는 문법이 어떤 위상을 지니는가? 이 수업은 관찰자에게 언어란 무엇이고, 언어 학습이 무엇이라고 말해주고 있는가?

4.5 수업 중단

이 글에서는 수업 중단이라는 용어를 수업 방해(interruption)라는 광범위한 의미로 사용하며, 딸꾹질처럼 사소한 중단부터 수업이 완전히 중단된 상황까지 모두 포함한다. 수업에서는 개별 학생이나 집단이나 전체 학생들에게 의사소통에 문제가 있거나 이해가 되지 않을 때 수업이 계속 진행될 수 없는 지점을 의미한다. 교사와 학생, 혹은 학생 간 상호작용 때문에 수업이 중단되기도 한다. 물론 수업이 전혀 중단되지 않을 수도 있다. 그러나 모든 의사소통에는 잠재적으로 오해의 가능성이 있기 때문에 따라서 중단과 복구가 가능하다. 언어 수업에서는 배우고 있는 목표 언어 또한 교수의 매체이기 때문에 크건 작건 수업이 중단될 가능성이 매우 높다.

'수업 중단'이라는 용어가 부정을 수반한 용어가 아니어서 적대시하거나 실패를 함의하지 않는다는 것을 깨닫는 것이 중요하다. 게다가 수업 중단을 해결하기 위해 사용되는 언어 그 자체가 유의미하고 가치가 있어서 언어 학습자들에게 실제세계의 중요한 입력 자원이 된다. 그것이야말로 의사소통적 수업에서 핵심이라고 말할 수도 있다. 학습자의 의미 협상 경험은 언어 처리에서 필수적이듯이 학습에도 필수적이다. 내가 관찰한 수업을 한 예로 들자면, 교사는 "상대가 무어라고 말했죠?(What did s/he tell you?)"라는 패턴이 포함된 보고 형식의 말하기 연습의 준비 활동으로 짝 활동을 하였다. 교사가 먼저 논쟁이란 화제를 소개한 후에 전형적인 몇 가지 논쟁거리들을 제시하도록 브레인스토밍을 하고서, 짝에게 서로 '최악의 논쟁(worst argument)'에 대해 말하도록 하는 과업을 수행하도록 했다. 교사는 학생들이 그 정도 과업은 잘 수행할 수 있으리라 기대하면서 도움이 필요한 학생들에게 피드백을 하며 학생들 사이를 순회하였다. 그러나 몇 짝들은 다음 두 가지 단어 때문에 '중단'되어 그 과업을 시작할 수 없었다.

- *논쟁(argument)* : 이 말이 공식적인 논쟁인가 아니면 가벼운 말다툼인가? 말로만 하는 것인가?
- *최악(worst)* : 시끄럽고/가장 공격적인 측면을 의미하는가? 화제에 대해 가장 중요하고/진지한 측면인가? 영향과 결과 면에서의 진지함을 뜻하는가?

여기서 발생한 어휘적 혼동은 문화적 장벽과 섞인 것으로 '논쟁'의 개념이 문화적으로 다양하다는 것이었다.

해당 교사는 짝 활동을 재개하기 전에 이 문제에 대해 설명을 하고서 계획대로 수업을 진행하였다. 수업의 흐름이 중단되었고 수업을 재개하기 전에 보충이 필요했던 것이다.

과업 목표

이 과업에서는 수업 중단에 대한 몇 가지 수업 자료를 수집하도록 하고 있다. 그리고 수집한 자료들을 분석하고 논의할 것이다. 관찰을 통해 어떻게 수업 중단이 발생하고, 그리고 가능하면 누가 어떻게 그 문제를 해결하는지 살펴볼 것이다. 특히 의미 협상과 회복(repair)에 사용된 언어들을 살펴볼 것이다. 그리고 언어 수업에서 이런 양상들의 숨겨진 의도의 가치를 고려할 것이다.

수업 전

1. 관찰할 수업을 정하라.
2. 과업과 다음에 제시된 표를 잘 살펴보아라.

 수업 중

수업의 흐름에 어떤 식으로든 장애가 되는 징표들을 찾게 된다. 제시된 표를 활용하여 수업 중단의 몇 가지 사례를 수집하라. 각 사례마다

1. 어떤 일이 발생했는가를 적어라. 수업이 중단되었다는 것을 무엇이 명확하게 말해주고 있는가?
2. 수업 중단의 원천을 추적하라.
3. 교사와 학생들 사이에 의미를 협상하여 회복하고자 시도하였거나 회복이 성공하는 동안 사용된 언어들에 대해 논평하라.

발생한 사건	수업 중단의 원천	수정과 협상에 사용된 언어	수업 중단의 심각성

4.5 수업 중단

1. 표의 가장 오른 쪽에는 예를 들어 '사소함'이나 '주요함'과 같이 범주화하되, '주요함'은 수업의 매끄러운 흐름에 방해가 되는 것으로 규정하라.
2. 관찰된 수업 중단의 사례에 대해 :
   - 수업 중단을 모두 피할 수 있었는가?
   - 더 효과적으로 회복될 수 있었는가?
3. 수집한 수업 중단의 사례들에 대해 살펴볼 것은 :
   - 수업 중단이 된 때의 상호작용의 패턴
   - 수업 중단에 대해 협상하여 회복하고자 교사와 학생이 사용한 언어
   이제 학습자에게 이러한 경험과 노출의 가치에 대해 논평하라. 중단이 일상적인 대화적/상호작용적 언어 흐름에서 늘상 존재한다는 사실에 비추어 볼 때, 학습자들의 해당 언어 경험이라는 점과 계획된 수업의 매끄러운 흐름을 방해한다는 점 중에서 어느 쪽에 더 무게를 두겠는가?
4. 수업 중단에 직면하여, 교사가 다음을 위해 할 수 있는 것은 무엇인가?
   - 모든 수업에서 중단이 지니는 가치를 고양시키기 위해
   - 해당 수업에 미치는 방해를 최소화하기 위해

반영

관찰자 자신의 수업에서 수업 중단과 의미 협상과 회복을 어떻게 알아차리는가? 이번 관찰의 경험을 통해 계속해서 추구하고 싶은 무언가를 배웠는가?

알림

이번 관찰에 통찰력을 제공해 준 Sylvia Skeffington에게 크게 감사한다.

5. 지도 기능과 전략

5.1 제시

배 경

최근 몇 년 동안 언어 교사들의 다양한 역할에 대해 많은 관심을 쏟았다. 언어 사용을 관찰하거나 의사소통을 촉진시키는 것과 같이 교사가 두드러지지 않은 역할을 점점 강조하였다. 어떤 의사소통적 접근이나 과업-기반(task-based) 접근에서는 보통 제시의 국면이 존재하지 않는다. 학생들이 말하는 시간이 교사들의 시간보다 더 많은 것은 환영할 만한 일이지만, 그럼에도 불구하고 학습자들이 여전히 교사의 설명이나 제시를 기대하는 것에서 보듯이 제시 기능은 언어 교사가 해야 할 목록에서 중심을 차지한다.

과업 목표

이 과업의 목표는 성공적인 제시의 핵심 요소들을 깨닫는 것이다.

과 정

 수업 전

1. 이 과업에는 관찰자가 수업에서 제시 국면을 관찰하는 것과 관련된다. 여러 개 각기 다른 수업에서 이것을 관찰하는 것이 도움이 될 것이다.
2. 제시된 표와 다이어그램을 잘 살펴보아라.

수업 중

1. 수업 중에 무슨 일이 일어났는지 잘 관찰하면서 〈표 5.1〉을 채워라. (각 수업마다 새로운 표를 사용하라.) 교사는 무엇을 했고, 학생들은 무엇을 했는지를 연대기 방식으로 기록하라.

2. 교실 내 교사의 이동에 대해 기록하려면 해당 수업에 대한 다이어그램를 그리는 것이 편리하다. (그림 5.1과 5.2 참조) 다이어그램에 교사의 위치를 X로 표시하고 거기에 시각을 적어라.

교사의 행동	학습자의 행동
인사/ss(학생들)와 가벼운 대화 어제 수업을 회상시켜 ss를 워밍업함.	인사/ T(교사)에게 반응 어제 수업을 회상함.

5.1 제시 국면

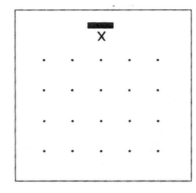

그림 5-1

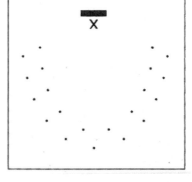

그림 5-2

1. 수집한 자료와 효과적인 제시의 다양한 부분들에 대한 지각을 가지고 제시의 핵심요소 목록을 만들어 준비하라. 관찰자가 수업에 대해 수집한 자료와 이 리스트를 가지고 해당 교사와 이야기를 나누어라.

2. 제시에 대한 다양한 핵심요소 목록을 살펴볼 때 각각의 목적이 무엇이라고 믿는가?

3. 새로운 언어에 대한 전통적인 제시 기법은 문형 반복 연습(drill pattern)이었다. 여기서 '반복 연습(drill)'이란 말은 교사의 직접적인 지도(close guidance) 아래 매우 제한적인 방식으로 학생들이 해당 언어를 연습하는 것을 의미한다. 제한성과 정확성에 초점이 놓이지만 그렇다고 꼭 기계적이거나 무의미한 것은 아니다. 학생들이 반복 연습을 하기 전에 해당 언어의 형식과 의미를 모두 이해하는 것이 중요하다고 보는가? 학생들이 이해하고 혹은 이해하지 못하며 반복 연습을 하는 것에는 어떠한 결과가 있는가? 각각의 경우를 볼 때 교사들은 언어 학습에 어떤 접근법을 사용하고 있는가?

4. 교사의 목소리도 제시 국면의 한 요소이다. 여기에는 수많은 자질들이 관련된다.
   - 소리의 크기
   - 호소력
   - 속도
   - 명료성
   - 유창한 발음

   이들 각각의 용어를 어떻게 이해하는가?

5. 제시 국면의 다른 요소는 교실 내 교사의 물리적인 위치이다. 교사의 위치에 대해 기록한 것들을 살펴보라. 교사의 위치와 이동에 대해 어떤 논평을 할 수 있는가?

6. 실생활의 목표 언어 제시에 대해 관찰한 제시들을 살펴보라. 해당 언어를

어떤 맥락에서 제시하였는가? 제시된 맥락이 얼마나 '자연스럽다'고 생각하는가? 제시된 맥락이 해당 목표 언어의 형태를 '자연스럽게' 생산하는가? 맥락이 언어와 상황을 학습적으로 연계시켰는가?

7. 이제 새로운 언어를 제시하기 위해 교사가 사용한 설명 양식(presentation mode)을 살펴보라. 예를 들어, 해당 언어를 오디오를 이용해 구두로 제시하였는가, 글로 써서 시각적으로 제시하였는가? 제시 양상과 언어 형태의 관련성을 살펴보아라. 제시 양식이 언어 형태에 적절하였는가?

제시에 대한 관찰을 통해 관찰자 자신의 교수법을 되돌아보았을 때, 자신의 제시 스타일과 과정에 대해 어떤 논평을 할 수 있는가? 관찰자는 어떻게 해서 그런 스타일과 과정을 획득했는가? 어떻게 해서 그것들을 증진시키고 개선할 수 있는가?

5.2 발문 : 교사의 촉구

교사들은 광범위한 이유로 발문을 하는데: 학생들이 특정한 방향으로 사고하도록 하기 위해; 학생들이 미리 계획된 화제나 수업 목표를 지향하도록 하기 위해; 맥락을 만들기 위해; 수업 워밍업을 위해; 또래 상호작용/고쳐주기를 하기 위해; 학습 활동으로 이끌기 위해; 주목을 끌거나 집중하도록 하기 위해; 학생들이 말하는 시간을 늘리기 위해; 교사가 이미 알고 있는 특정한 화제, 구조와 어휘 영역의 구조를 끌어내기 위해; 수동적 지식을 끄집어내기 위해; 학생들에게 학습도구로 다가가고 학습 과정에 참여시키기 위해서이다.

이 과업은 발문 기능의 중요한 몇 가지 국면을 깨닫도록 하고 있다. 사고 촉진 질문의 유형, 교사가 기다린 시간의 양, 촉발된 반응의 종류, 그리고 발문의 일반적인 목적 등에 대해 살펴볼 것이다. 발문의 목적 그리고 그 목적과 질문 유형과의 관련성에 특별히 초점을 둔다. (질문의 다른 양상은 2.2 질문 언어에서 다루었다.)

수업 전

발문이 계획된 수업으로 관찰할 수업을 정하라. 가능하다면 교사가 사용하고자 하는 사고 촉진 방법의 목록을 구하라.

수업 중

〈표 5.2〉를 사용하여 다음을 기록하라. :

1. 학생의 반응을 촉진하기 위해 교사가 무슨 말을 하였는가?

2. 교사는 재진술, 재지적, 혹은 추가되는 촉진 발화를 하기까지 얼마나 기다렸는가?
   (초 단위로 *기다린 시간(Wait time)*항목에 기록하라.)

3. 학생들은 어떻게 반응하였는가?
   대략 5개의 발화쌍을 기록하라.

교사 촉진	기다린 시간	학생 반응
'아마존이 어디 있는지 말할 사람?'	////	'남아메리카'
'아프리카야 남아메리카야?'	//	

5.2 발문/반응 촉진 발화 : 교사의 촉구

 수업 후

1. 수집한 자료를 살펴보라. 교사가 사용한 언어에 어떤 패턴이 있는가? 예를 들어, 사용한 후속 발화가 *개방형 질문*('... 에 대해 어떻게 생각하니?'), *폐쇄형 질문*('…를 뭐라고 부르죠?'); *명령형 발화*('...에 대해 네가 아는 것을 말해 봐?'); *지목 질문*('Anton, 너는 어떻게 생각하니?')인가?

2. 교사가 발화한 해당 패턴이 학생들의 *반응 여부*에 영향을 끼치는가? 아니면 *반응 방식*에 영향을 끼치는가? 질문 유형을 쉬움/어려움으로 연결할 수 있는가? 그것을 반응의 형태와 연결할 수 있는가? 두 가지 중 하나를 선택하는 선택형 질문인지 개방형 질문인지 살펴보라.

3. *대기 시간*에 관해 무엇을 알 수 있었는가 이것이 학생들에게 영향을 끼치는 것으로 보이는가? 후속되는 재발화(re-formulations)에 관해 무엇을 알아차렸는가?

4. 관찰한 수업에서 발문이 어떤 *목적*을 가졌는지 살펴보라. *교사 촉진*(Teacher prompts) 아래에 기록된 목록 각각에 대해 어떤 목적이 의도되었는지 또는

성취되었는지 살펴보라. 예를 들어, '아마존이 어디 있는지 말할 사람?'은 수업의 화제를 이끄는 데 사용되었을 것이다.

5. 다음을 연결하는 것이 가능한가?
   - 질문의 목적;
   - 질문의 형태;
   - 학생의 반응에 교사가 반응한 방식
6. 수업을 볼 때 사고 촉진 발문을 시도하는 것보다 차라리 학생들에게 그냥 말해주는 것이 더 좋은 때가 있었는가?

반 영

관찰자 자신의 수업에서 발문 패턴을 모니터하여 기록하는 것을 원할 수 있다. 자신의 발문에 대해 스스로 예견한 것과 수집한 자료를 대조해 보라.

5.3 발문 : 교사의 반응

배 경

과업 5.2에서 지적하였듯이 발문은 많은 목적을 지닌 교수 전략이다. 사고를 촉진하는 실제적인 발문이 중요하듯이 학생들의 반응에 대한 교사의 반응도 중요하다. 발문이 미리 계획된 필수 학습 요소로 수업을 끌고 가기 위한 것이라면 더욱 그렇다. 하나의 위험은 질문하기가 교사의 머릿속에 무엇이 있는지를 알아맞히는 게임이 될 수 있다. 학생들이 교사가 의도한 답을 할 수도 있고 그렇지 않을 수도 있다. 후자의 경우에 교사는 세심한 균형 조절을 해야 한다. 수업을 계획된 대로 진행시킬 수 있는 답만 허용하지만 학생들이 거절당함에 대한 두려움없이 말할 수 있도록 권장하는 수업 분위기를 유지한다.

이 과업은 발문 맥락에서 학습자들에게 교사가 반응을 보이는 패턴에 대해 더 많은 것들을 알 수 있도록 계획되었다.

 수업 전

1. 얼마간의 교사 발문이 포함된 수업으로 관찰할 수업을 정하라. 가능하면 수업 전에 해당 교사에게 말하여 자신이 사용하고자 하는 가능한 촉진 목록을 구하라.
2. 제시된 표를 잘 살펴보아라.

수업 중

1. 교사가 사용한 촉진 발문을 세심하게 관찰하여 표의 *교사 촉진*/항목에 적어라.
2. 다음 칸에 학생들이 어떻게 반응하였는지 적어라.
3. 그리고 학생의 반응에 대한 교사의 반응을 적어라.
4. 교사의 언어적 반응에 수반된 모든 비언어적 신호를 적도록 하라.
   (알림: 마지막 칸, A/R은 수업 후에 사용된다.)
   대략 다섯 개의 발화쌍을 수집하라.

교사 촉진	학생 반응	교사 반응	비언어적 신호	A/R
'그의 기분은?'	'슬퍼요.'	'음, 맞아.'	칠판의 얼굴 그림을 가리키며, 학생에게 고개를 끄덕임.	A

5.3 발문 : 교사의 반응

수업 후

1. 이제 학생들의 반응에 대해 교사가 사용한 언어와 신호들을 잘 살펴보아라. 해당 교사가 '수용(accept)'과 '거절(reject')'의 패턴에 딱 떨어지게 반응하지 않고 있다는 것을 알아차릴 것이다. 교사의 반응을 살펴서 표의 마지막 칸에 A(=수용), R(=거절), 혹은 A/R(부분적 수용, 부분적 거절)이라고 표시하라. 그리고 이에 대해 교사와 이야기를 나누어라.

2. 학습자들의 반응에 대한 교사의 반응이 얼마나 중요한가? 부분적으로 맞는 학생의 반응에 교사가 어떻게 긍정적으로 반응할 수 있는가? 학습자들을 거절하지 않으면서 학습자의 반응을 부분적으로 거절하는 것이 가능할까?

3. 다음을 살펴보라.

   a) A/R 반응에 대해 무엇을 알아차렸는가?

   b) 교사반응의 특색을 *일반화*할 수 있겠는가?

   c) 수업 중이나 수업 후에 학생들은 어떤 *느낌*이 들었을까?

d) 언어적이거나 비언어적인 *교사의 행위*가 학생들에게 어떤 영향을 끼쳤을까?

4. 교사가 원하는 답만 수용해야 하는 때가 있을까, 학생들의 모든 반응이 가치 있는 때가 있을까? 발문의 목적과 어떻게 연관되는가?

반 영

발문의 맥락에서 학생 반응에 대한 효과과적 교사 반응에 대해 무엇을 배웠는가? 이번 관찰을 통해 자신의 수업을 되돌아볼 때 자신의 수업에 적용할 만한 것은 무엇인가?

알 림

이 과업의 자료는 Pauline Taylor의 자료에서 부분적으로 가져왔다.

5.4 지시하기

배 경

수업에서 한 활동에서 다른 활동으로 넘어가는 전환 시기는 중요한 때이다. 학생들이 집단, 짝, 또는 개인 활동에서 이동을 할 때는 특히 그러하다. 수업이 원활하고 효과적으로 진행되려면 이 시기에 교사가 학생들에게 명확한 지시를 해야 한다.

과업 목표

이 과업에서 지시 언어에 대해 조사할 것이다. 여기에는 어떤 것이 포함되고 배제되어야 하는가, 어떤 내용을 '수반'하는 것이 가치가 있을까, 어떤 순서가 효과적인가 하는 것들이 포함된다. 학생들이 수행해야 할 활동 유형에 익숙해질수록 지시 언어가 달라지는지 한 학기동안 같은 반을 다른 단계에서 관찰하는 것도 유용할 수 있다.

 수업 전

가능하면 관찰하게 될 수업의 수업 계획을 살펴보아라. 수업 계획은 철저할 필요는 없지만 수업의 각 국면과 학생들이 하게 될 모든 활동에 대해서는 알고 있어야 한다. 어느 시점에서 지시가 주어질 것으로 예상되는지의 관점에서 수업 계획을 살펴라. 이제, 활동 계획을 꼼꼼히 읽고, 당신이라면 했을 만한 지시를 대략 써 보아라. 제시된 표를 이용하라.

 수업 중

1. 교사의 지시를 주의 깊게 들어라. 이것들을 수집하여 표를 이용하여 가능하면 정확하게 적어라.
2. 시각적인 보조 수단, 모델링 혹은 개념-점검을 사용했는지 살피고, 교사가 지시를 반복했는지 살펴라. 지시가 이해되었는지도 기록하라. 이런 정보를 논평 칸에 적어라.

수업국면	예상한 지시	행해진 지시	의 견

5.4 지시하기

수업 후

1. 예상이 어느 정도로 맞았는가? 예상이 행해진 지시와 어떻게 달랐는가?
2. 수집된 지시 모둠을 잘 살펴보면 교사의 언어에서 어떤 *패턴*이나 *경향*을 찾을 수 있는가? 외국인 발화(foreigner talk), 즉 원어민 화자 교사 학습자에게 말할 때 사용하는 독특하게 수정된 언어의 경향이 있는가?
3. 교사 언어 중 한 뭉치를 택해서 다음의 순서에 따라 *저학력 수준의 학습자들에게 맞도록 내용을 줄여라.*
   a) 요구되는 활동을 수행하기 위해서 학생들이 반드시 알아야 할 정보에 밑줄을 그어라.
   b) 초급 수준의 집단에게 적합하도록 지시 언어를 줄여 필수적인 요소만 남도록 하라. 예를 들어, 잉여 정보를 삭제하고, 복잡한 어휘를 단순한 낱말로 대체하라.
   c) 구두 메시지를 보완하기 위해 시각 자료를 사용했어야 하는 시점이 있지 않았는지 살펴보라.
   d) 지시를 논리적 순서로 재배열하라.
   e) 중심 지시 부분을 확인해서 각각을 제대로 이해하고 있는지 점검하는 의문 형식으로 써라. 이제 이 질문들을 대본 형식으로 바꾸어라.
   f) 이제 해당 지시를 평가하라. 다른 교사들에게 이 내용으로 지시해보고 함께 평가하는 것이 좋다.
4. 교사들이 효과적인 지시하기를 하려면 다음 요소들에 대해 어떤 논평을 할 수 있겠는가? 효과적인 지시를 하려면 다음 요소들이 어떻게 작동해야 할 것인지 살펴보라.

   분할하기/휴지: 의미 덩어리들과 덩어리들 사이의 휴지 시간
   목소리 자질

주목을 끌기 위한 행동 : 교사의 위치, 눈맞춤, 이동

시각 보조 자료

기억을 위한 단서 제공

모델링

개념에 대해 질문하기

5. 다음과 같은 패러다임으로 지시하기를 할 수 있다 :

ⅰ) 학급이 집중하도록 신호를 보내기

ⅱ) 해야 할 과업에 대해 간략하게 개관하기

ⅲ) 좌석/모둠 구성하기

ⅳ) 지시하기

ⅴ) 시작 신호 보내기

ⅵ) 이해했는지 모니터링하기 - 필요하면 반복해서 풀어 설명하기

a) (ⅱ)가 필요하다고 생각하는가?

b) (ⅲ)의 구성이 지시하기 앞뒤 중 어느 순서에서 행해야 한다고 생각하는가?

c) 관찰자의 의견으로는 지시하기 순서가 조정되어야 한다고 생각하는가? 예를 들어, 첫 과업에 대한 지시 → 학생의 첫 과업 수행 → 신호 → 두 번째 과업에 대한 지시 → 학생의 두 번째 과업 수행 등으로. 언제 이러한 유형이 필요한가? 여기에 어떤 문제가 있는가?

d) 이 패러다임이 관찰자 자신이 예측한 지시에 어느 정도로 반영되었는가? 유사한 부분과 다른 부분에 대해 이야기를 나누어라.

6. 때로는 대본화된 지시가 독재처럼 보일 수 있다. 이와 관련하여 Gower과 Walters는 다음과 같이 논평했다(1988: 37) :

당신이 지시하는 방식은 모둠에 대해 지배력을 행세하는 방식과 모둠에 대한 태도를 가리킨다... 일반적으로 학생들은 물론 성인들조차도 당신이 좀더 공손하려고 노력하려는 것에 대해 고마워하지 않을 것이다. 그것은 시간

낭비이고 수업진행이 늦어지게 하며, 쉽게 이해하기 어려운 복잡한 언어를
사용하게 만든다.

관찰자의 견해는 어떠한가?

7. 다음 두 가지 명백히 상반되는 조언을 어떻게 해결할 것인가?

   a) 지시는 '일반적으로 가르치는 언어보다 더 낮은 수준이어야 한다'(Gower와
   Walters 1988: 25).

   b) 학습자들은 '항상 자신들이 말하거나 쓰는 것보다 높은 수준을 이해할
   수 있다'(같은 책 : 41).

8. 이 과업은 그 자체로 어떤 *소단위 수업*에서 차용할 수 있다. 다음은
   예시이다.

   a) 제시되는 대화를 듣도록 지시한다. 요지 이해(대화자의 이름, 장소,
   하고자 하는 계획)에 대한 질문을 한 후 짝과 답을 확인하도록 한다.

   b) 단서에 의한 연습 단계(cued practice phase)로 끌어가는 지시를 한다.
   학생은 단서적 질문과 답(주말 행사 초대와 응답)이 적힌 카드 한
   장씩을 갖고 짝(A, B)을 이루어 활동한다. 끝나면 서로 카드를 바꾸어
   활동을 반복한다.

   c) 자유스럽게 역할극을 하도록 지시한다 : 두 모둠(기자 모둠과 마을 사람
   모둠)이 있고, 두 국면의 과업이 있다.

   – 기자들은 모여서 인터뷰 질문에 대해 논의하고, 마을 사람 모둠은
   모여서 주제에 대한 태도에 대해 논의한다.

   – 학급을 다섯 명으로 구성된 세 모둠을 구성한다 : 네 명의 마을
   사람들 + 한 명의 기자, 그리고 인터뷰를 진행한다.

반 영

지시하기 과정에 대해 좀더 알 수 있었는가? 그렇다면, 관찰자가 관찰한
수업 활동의 전, 중, 후 중에서 어떤 양상이 좀더 알 수 있도록 도움을

주었는가? 그래서 관찰자 자신의 학습 스타일에 대해 무언가 알도록 도움을 준 것이 있는가? 다음과 같이 관찰자 자신의 지시하기를 모니터할 수 있다.

- 수업 하나를 녹화촬영하라.
- 동료에게 관찰하도록 하라.
- 관찰자가 한 지시의 즉각적인 효과에 대해 매우 면밀하게 모니터링하라.

5.5 오류 처리하기

배 경

만일 교사가 수업에서 모든 오류를 수정한다면 수업의 너무 많은 시간이 오류 수정에 소요될 것이다. 이것은 학습자들이 위험을 감수하며 실험을 해보고자 하는 의지를 감소시키는 부정적인 의미를 함축하고 있다. 교사들은 반드시 즉각적인 주의를 요구하는 오류와 무시해도 좋거나 혹은 다른 방식이나 다른 시간에 처리해야 할 실수를 구별한다. 이것은 학습자들의 오류와 관련하여 교사들이 선택해야 할 것 중 하나이다.

과업 목표

이 과업은 오류 처리와 관련된 주제들에 대해 좀더 깨달을 수 있도록 계획하였다. 관찰자는 학습자의 오류에 주의를 기울이고, 몇 개의 예를 기록하고, 해당 교사가 어떻게 반응하고 교정을 하는지, 한다면 어떻게 하는지에 주목할 것이다.

수업 전

....

1. 이왕이면 구두/청각 언어 목표가 포함된 저급 수준의 수업을 관찰 대상으로
   정하라.
2. 제시된 표를 잘 살펴보아라.

 수업 중

....

표를 활용하여 학습자의 오류와 교사의 반응을 기록하라. 다음과 같은 8개의
예를 획득하도록 하라.

1. 학습자의 오류를 기록하라. 틀렸거나 부적절한 언어일 것이다.
2. 교사가 반응했는지 기록하라. 반응했다면 무슨 말이나 신호를 했는지
   적어라.
3. 수업 중에 대략 어디서 그 일이 있었는지 적어라. 나중에 기억을 되살리는
   데 도움이 된다.
4. 해당 수업에서 그 당시 정확성(A) 혹은 유창성(F)중 하나에 초점이 있었는지
   적어라.

학습자 오류	교사 반응	수업 국면	정확성(A) / 유창성(F)

5.5 실수 처리하기

 수업 후

1. 학습자의 오류를 처리하는 교사의 반응 방식에서 어떤 패턴을 관찰했는가? 해당 교사와 오류 처리에 대한 이유에 대해 이야기를 나누어라.
2. 수집한 8개의 예를 개관했을때, 이들을 중요도에 따라 구분해낼 수 있는가, 혹은 *순서를 매길* 수 있는가? 어떤 것이 교정에서 가장 중요하고 어떤 것이 그냥 넘어갈 수 있는가?
3. *다른 학생*들은 학생의 오류에 대해 어떻게 반응하였으며, 교사의 반응에 대해서는 어떠했는가? 오류에 대해 동료와 교정하기, 동료와 논의하기나 상호작용하기가 있었는가? 그랬다면, 교사는 무슨 말을 했고, 이것을 어떻게 장려했는가?
4. 학생들의 *자기 교정(self-correct)* 기회가 있었는가? 그랬다면, 자기 교정을 위해 교사가 무슨 말을 했고, 어떻게 했는지 회상해 볼 수 있는가?
5. 오류 교정의 양과 해당 수업 국면의 초점을 연계할 수 있는가?
6. 해당 수업의 초점이 *유창성*일 때는 교사가 학생의 언어 흐름을 방해하는 것을 피할 수 있어야 할 것이다. 수업의 그 장면에서 오류 교정이 필수적이었는가? 티 나지 않게 교정할 수 없었는가?

7. 해당 수업에서 학생들이 정보를 처리하는 증거가 있는가? 예를 들어, 실수를 범했을 때, 그것을 지적받고, 올바른 것을 듣고 연습하는 것은 학습자가 단순히 요구되는 것을 반복하거나 그들이 이것을 처리할 수도 있는데 이는 새로운 입수된 정보를 수용하기 위해 갖고 있는 언어에 관한 생각이나 추측되는 것을 수정할 수도 있다.

8. 오류에 반응하는 *교사의 언어*에 초점을 맞추어라. 교사가 문법적 형태를 배제한 *해당 학생*이 의도한 의미에 주목하지 않고, 오류에 반응한 때가 있었는가?

반 영

관찰자는 제2언어나 외국어를 말할 때 교정하기와 관련해 어떤 경험이 있는가? 이 경험이 관찰자의 가르침에 영향을 주었는가? 해당 수업에서 교사의 많은 말과 행동이 언어가 사람들이 언어를 어떻게 학습하는가에 대한 교사의 의식적, 무의식적 믿음을 반영한다. 관찰자 자신의 오류 처리하는 스타일을 생각해 볼 때, 이번 관찰이 관찰자가 밑바탕에 가지고 있는 믿음에 대해 어떻게 생각하도록 하였는가?

알 림

이 과업의 자료는 Karen Smith의 자료에서 부분적으로 가져왔다.

6. 수업 관리

6.1 수업 의사소통 관리: 상호작용 패턴

배 경

본 과업은 수업 내에서의 의사소통, 특히 의사소통의 도구가 되는 상호작용 패턴에 주목하고자 한다.

과업 목표

이 과업에서는 수업에서 의사소통이 어떻게 실행되는지, 예를 들어 누가 누구에게 말을 하는가, 누가 질문을 하는가, 누가 답을 하는가 등의 자료를 수집한다

과 정

 수업 전

1. 가급적이면 듣기-말하기 기능에 중심을 둔 수업을 관찰 대상으로 정한다.
2. 그림 6.1을 익혀둔다.

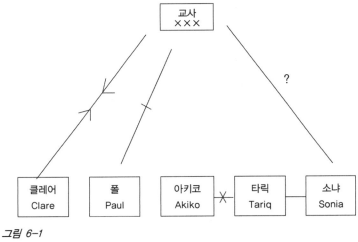

그림 6-1

 수업 중

그림 6.1(Woodward 1991)을 사용하여 수업 중의 상호작용 패턴을 기록한다.
1. 학생들의 좌석배치도를 작성한다. 수업 중에 학생의 움직임이 있다
   하더라도 그들의 상호작용은 다이어그램에 표시될 수 있다.
2. 대화를 주고 받는 사람들 사이에 선을 긋는다. 다른 종류의 상호작용을
   표시하기 위해 기호를 설정한다. 예를 들어 작은 화살표는 교사가 한 학생을
   지명할 때 사용하는 지명의 질문, 돌아오는 화살표는 응답을 표시한다.
3. 기능을 개발하면서 다른 종류의 상호작용 패턴 기호를 정하여
   표시한다(대부분의 다음 기호들은 Woodward 1989에서 가져왔다)

   - '누가 ~에 대해서 알아요?', '누가 ~에 대해서 말해 볼까?' 등 학생을
     지명하지 않는 질문을 할 경우 교사 옆에 X 표시한다. 이는 개방형
     질문에 해당한다.

– 폴이 교사에게 지명되지 않았을 때 스스로 답 하는 경우

————————————/————————————

– 아키코와 타릭의 경우와 같이 짝으로 상호작용 하는 경우

————————————→ ←————————————

– 타릭과 소냐와의 경우와 같이 지시없이 상호작용 하는 경우

————————————————————————

– 소냐가 교사에게와 같이 학생이 질문을 할 때에

————————————————?————————————————

 수업 후

1. 기록을 분석하고 전반적인 상호작용 패턴을 요약한다. 그리고 해당 교사의 수업과 관찰된 의사소통 패턴에 대해 이야기한다.
2. 만일 학습이 새로운 것을 수용하기 위해 사전 개념을 재검토하는 것이라면 그림에 나타난 각 종류의 패턴이 학습에 어떤 장점을 가져다 주는가?
3. 어떤 수업이든지 다양한 상호작용이 포함되어있다. 수업의 다양한 국면, 교사의 역할, 활동에는 어떤 종류의 상호작용이 가장 적절할까 생각해본다. 특정 수업이나 활동 종류에 가장 어울리는 특정 상호작용 패턴과의 연관성이 가능한가? 예를 들어 학생중심의 빈칸 채우기 활동, 혹은 역할극 활동 후 교사의 수정 단계는 어떠한 상호작용 패턴의 특징을 보이는가?
4. 교사중심 의사소통 대 학습자중심 그룹 활동, 그리고 그룹 활동의 가치와 관련하여 많은 연구가 있었다. 학생에게 발화 시간의 최대한 기회를 준다는 확실한 장점 이외의 다른 장점으로는 다음과 같은 것들이 있다.

   a) 개별보다 그룹이 과제를 완성할 수 있는 신뢰성이 높다.

   b) 동료 수정이 더 효과적이다. 왜냐하면 전문적 자격을 갖춘 사람이 아니라 동료도 같은 정도의 언어에 노출된 사람이기 때문이다.

c) 동료 수정이 덜 위협적인데 그 이유는 그가 성적을 내는 사람이 아닐뿐더러 판단적 어조의 수정을 하지 않기 때문이다.

d) 그룹별 경쟁이 개별적인 것보다 덜 위협적이며 더 즐겁다.

e) 그룹 활동은 모험과 협동을 필요로 하며 충성심과 그룹 소속감을 요구한다.

(이 목록은 Stevick 1980: 202에 기반하였다.)

더 추가할 것이 있을까? Stevick이 언급하고 있는 학생 관점의 단점은 '실수가 제대로 수정되지 못한다'는 것이다. 그룹활동과 관련하여 다른 단점을 목록에 추가할 수 있을까?

교사가 두 목록의 장점만을 결합시킬 수 있는 절충적 관점이 있을까?

반 영

관찰한 이 수업을 거울로 삼아 당신의 수업을 비추어볼 때 당신의 수업에서 나타나는 의사소통 패턴에 대해 어떤 의견을 낼 수 있을까? 혹시 변경할 것이 있는가? 만일 있다면 어떻게 할 수 있을까?

6.2 짝 활동과 그룹활동 관리

배 경

오늘날의 수업은 학습 요구 사항, 학습 목적과 환경에 따라 교사중심 활동, 짝 활동, 그룹 활동 등의 상호작용 패턴을 수반한다. 학습 활동은 교사가 여러 상호작용 패턴을 순조롭고 효과적으로 사용할 것을 요구한다. 교사주도적 활동과 달리 짝 활동과 그룹 활동도 다양한 교수능력을 필요로 한다. 다양한 수업 단계의 능률적 전환은 효과적 수업 관리의 중요한 부분이다.

이 과업은 활동 전환, 짝 활동과 그룹 활동 중, 교사 조정 그리고 짝 활동과 그룹활동을 마치고 보고하는 단계에서의 정보 전달 관리 등에 필요한 조직 능력에 중점을 둔다.

반영

 수업 전

1. 다양한 상호작용 패턴을 사용하는 수업을 관찰 대상으로 정한다.
2. 표 6.2를 익혀 수업을 관찰하면서 효율적으로 사용할 수 있도록 한다.

 수업 중

교사가 학생들을 활동에 도입, 참여, 마무리 시키는 방법을 관찰한다. 다음을 세부적으로 기록한다.
   a) 도입 단계
   b) 관찰 단계
   c) 마무리 단계

   a) *활동에 도입*
      교사를 관찰하고 다음 특성에 대해 의견을 제시하라.
      ⅰ) 그룹 형성과 자리 배치
      ⅱ) 시범과 확인을 포함한 지시 사항 전달
      ⅲ) 팀장 선정과 훈련

b) *짝과 그룹 활동 관찰*

교사를 관찰하고 다음 특성에 대해 의견을 제시하라.

ⅰ) 교사가 관찰하는 방법

ⅱ) 그룹에게 이야기하는 상황

ⅲ) 교사의 소리, 위치, 대화를 하는 사람들 간의 거리

c) *활동 마무리*

교사를 관찰하고 다음 특성에 대해 의견을 제시하라.

ⅰ) 짝이나 그룹을 잠잠하게 하기

ⅱ) 학생들의 주의를 끌기 위한 신호

ⅲ) 수업의 다음 단계로 이끌기

ⅳ) 발표 단계 운영과 관찰

	하위 기능	관찰	의견
a) 활동 시작	ⅰ) 그룹 형성, 자리 배치 등 ⅱ) 지시 사항 ⅲ) 팀장 선정, 훈련	*교사가 그룹지정*	*교사가 의도적으로 다양한 수준의 학습자로 그룹을 형성하는 것 같음.*
b) 짝/그룹 활동관찰	ⅰ) 관찰 ⅱ) 구어적 상호작용 ⅲ) 교사의 소리, 위치 등		
c) 활동 마무리	ⅰ) 잠잠하게 하기 ⅱ) 신호 ⅲ) 재시작 Ⅳ) 발표		

6.2 짝 활동과 그룹 활동 관리

수업 후

1. 수업한 교사와 함께 관찰된 내용을 이야기 한다. 함께 활동 시작부터 마무리까지 필요한 다양한 하위 기능 목록과 사용 목적을 순서대로 작성한다.

2. 그룹 활동 시 교사의 중재 기능을 고려해본다. 다음의 진술(Brown 1988:9에 기반한)에 대해 사실, 거짓 혹은 부분적 사실과 부분적 거짓 중 어디에 해당한다고 생각하는가? 필요에 따라 연관되는 의견 혹은 다른 조건을 추가하라.

   a) 그룹 활동 시 교사의 역할은 듣고, 돕고, 관찰하는 것이지 가르치는 것은 아니다.

   c) 상호작용은 교사가 아닌 학생들에 의해 시도된다.

   d) 교사는 모든 그룹에 동일한 시간을 허락해야 한다.

   e) 교사는 그룹의 모든 학생에게 동일한 시간을 허락해야 한다.

   f) 교사는 학생들과 눈높이에 맞게 앉아 대화를 해야 한다.

   g) 그룹 활동 시 학생들과의 거리, 눈 맞춤, 목소리 등은 전체 수업 시와 달라야 한다.

3. 학생을 그룹으로 나누는 방법은 여러 가지가 있다. 당신이 관찰한 수업을 상기해 보고 그룹원의 관점에서 생각해 보라. 짝 혹은 그룹에서 어느 학생들이 다음에 용이했을까?

   - 의사소통
   - 진정되고 긴장을 풀기
   - 칠판 보기
   - 교사 보기와 교사의 말 듣기
   - 조용하게 수행하기
   - 동등한 멤버로서 활동하기

4. 보고하기의 한 방법으로는 그룹 팀장을 지명하여 보고하도록 하는 것이다.

다른 방법으로는 어떤 것이 있을까? 각 방법의 장단점은? 과제 종류와 보고하기 유형에는 연관성이 있는가?

이 관찰에서 다루었던 다양한 기술 중, 당신의 수업에서 더욱 고려할 수 있는 것은 어떤 것인가?

6.3 교수와 학습 역할

한 수업 내에서 교사의 역할은 매우 다양하며 따라서 학습자도 마찬가지로 여러 가지의 역할을 맡게 된다. 수업의 단계에 따라 교사는 자유롭게 역할의 변화를 창출할 수 있어야 하고 학습자들도 이에 알맞게 역할을 변화시킬 수 있어야 한다. 이러한 융통성은 수업의 다른 국면의 목표에 대한 교사의 이해와 이에 다양하게 부합되는 교사와 학습자와의 역할에 대한 분별력에 따라 연출된다(Wright 1987; Byrne 1987). Gibbons의 제시(Presentation)-연습(Practice)-생성(Production) PPP 모델 에서 볼 수 있듯이 "초점화된 교수 순환"(focused instructional cycle) 모델을 전통적 예의 하나로 그림 6.2에서 볼 수 있다. 각 단계에서의 교사 얼굴 크기가 교사의 중심적 초점과 비례된다. 세 'P'의 순서는 다양할 수 있다. 예를 들어, 가끔은 요구와 동기를 명확하게 하기 위해 생성 단계가 제시 단계 전에 실행될 수도 있다(Woodward 1991:195-7 참조). 수업에서 생성 국면이 실행되는 곳에서는 교사와 학습자의 상대적이며 관련적인 역할이 각각 조력자(facilitator)/안내자(guide)와 생산자(producer)/소통자 (communicator)로 남는다.

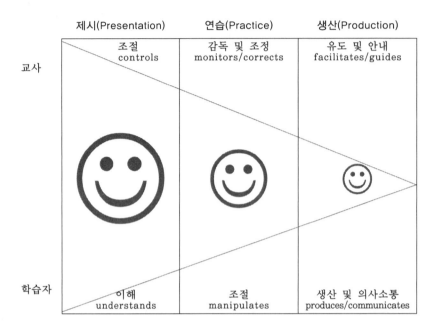

그림 6.2는 1989년 *Sydney English Language Centre*에서 열린 *Louise Austin*의 교사연수 워크숍에서 비롯된 것이다.

교사의 역할이 더욱 잘 나타나도록 하는 또 다른 모델은 그림 6.3에서 볼 수 있다. 여기서 각 조각은 교육의 면면을 보여주는데 시계방향으로 이동하면서 변화하는 교사의 역할과 각각에 해당되는 정도를 알 수 있다. 그림 6.2에서와 같이 다양한 역할은 보여지는 순서에 따라 나타나지 않을 수도 있다. 실제 역할의 변화 순서는 수업의 목표와 단계에 따라 다를 수 있다.

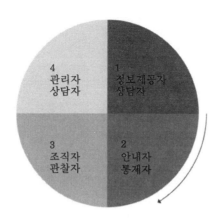

그림 6.3

이 과업도 다양한 교사의 역할과 이에 대응하는 학습자의 역할에 대한 인식을 높이는 것이다.

과 정

수업 전

1. 관찰할 수업을 정하고 수업지도안 확보하기.
2. 수업지도안을 살피고 수업의 각 단계에서의 교사 역할을 예측해본다.
3. 관찰기록표(표 6.3a)를 익힌다.

수업 중

표 6.3a를 사용하여 관찰한 것을 기록한다. 수업이 진행되는 동안 각 단계마다의 교사 역할과 이에 대응되는 학습자의 역할과 의견을 적어 둔다. 가장 오른쪽의 행에 의견을 적을 수 있는 공간이 있다.

수업 단계	교사 역할	학습자 역할	의 견

6.3a 교수 학습 역할

 수업 후

1. 수업 전 지도안을 보고 예측했던 것과 수업을 관찰하며 수집한 자료를 비교해본다.
2. 관찰했던 수업과 자신의 경험에 비추어 볼 때, 교사와 학습자의 주 역할이 무엇이라고 생각하는가?

각 역할을 보여진 명백한 행동과 연관시킬 수 있는가? 표 6.3b를 사용하여 생각을 정리하라.

교 사 역 할→	명백한 특징적 행 동→	대응되는 학습자 역 할→	명백한 특징적 행 동

6.3b 교사와 학습자 역할 행동

1. 수업 중 학습자가 예측했던 학습자의 행동을 보이지 않은 적이 있었는가?

   이러한 학생을 실제로 경험해 본 적이 있는가?

   어떠한 요인이 이러한 행동을 보이도록 하였는가?

   수업 중단(breakdown)의 경우에는 어떤 수업 운영 기술이 필요한가?

2. (목표와 활동에 의해 정의된)다른 장르의 수업이 교사와 학습자에게서 다른 역할을 요구하는가?

3. 교사가 수업 중의 역할 전환을 어떻게 수월하게 할 수 있을까?

반 영

역할에 대한 관찰과 고찰을 통해 당신의 수업에 도움이 될 수 있는 어떤 것을 얻었는가?

6.4 시간과 속도

배 경

수업은 고안물, 체계와 계획으로 이루어진 하나의 행사라고 볼 수 있는데, 이는 수업이 본질적으로 시간 제약과 한계의 영향을 받기 때문이다. 교수의 기본 단위는 '수업'이다. 수업의 길이에는 차이가 있을 수 있는데, 학교 또는 학습 맥락 내에서의 학습자의 나이, 학습 프로그램의 강도, 교수되는 다른 과목, 시간표 제약 등 여러 요인에 따라 달라질 수 있다. 교사가 훈련을 받을 때, 수업 시간을 신중하게 계획하도록 권장받는다. 수습교사는 아직 활동 시간을 예측하거나 수업의 한 국면이 어느 정도나 지속될지 예측하는데 숙련되지 않아 어려움을 겪는다. 또한 수업을 계속 진행하거나 혹은 탈선을 현명하게 처리하는 통제 능력이 부족하다. 경험이 늘면서 교사는 시간조절에 익숙하게 되고 수업 진행에 영향을 미치는 탈선에 대처하는 현명한 방법을 선택할 수 있게 된다. 수업 시간과 관련하여 초기 계획은 대개 수업 중의 즉흥적인 결정(decision-making)에 의해 수업의 '속도'(pace)가 결정되는 경향이 있다. 수업 속도는 학습자를 집중시키고, 자극하고, 참여시키고 수업을 진행시키는 데 결정적이다.

과업 목표

이 과업은 계획된 수업 시간과 실행된 실제 수업 시간을 비교한다.

수업 전

1. 관찰할 수업을 정한다. 수업할 교사와 미리 만나 수업과 관련하여 이야기 하는 것이 필요하다. 특별히 시간이 어떻게 결정되었으며 각 단계에 필요한 시간에 대해 이야기한다. 시간 표시가 되어 있는 수업지도안을 받아둔다.
2. 다음 표(표 6.4)를 작성한다.

수업단계	계획된 시간	실제 수업 단계	실제 소요 시간

6.4 시간과 속도

 수업 중

'*계획된 시간*'이 아닌 '*소요된 시간*'의 관점에서 수업을 관찰한다. 계획된 수업이 어떻게 변했는지 설명하기 위해 수업 동안의 사건에 대해 기록해둔다.

1. 단계를 수행하면서 한 학생에 대한 사례 연구를 병행한다. 방해되지 않도록 조심하면서 선정한 학생을 수업의 각 단계에 따라 표에 기록한다. 학생이 수업에 뒤처지지 않는 능력 혹은 뒤처지거나 지루해하지 않으면서 수업을 따라오는 학생의 능력 등을 관찰한다.

수업 후

1. 해당 교사와 예측했던 것과 실제 소요된 시간에 대해 이야기하라. 특별히 지도안에서 벗어난 단계에 대하여, 예를 들어 생략된 부분 혹은 추가된 다른 부분 등에 대해 교사와 이야기한다. 이러한 순간적 결단이 필요했던 상황의 이유와 이것이 결과적으로 수업에 가져온 변화, 그리고 학습에 미치는 영향 등에 관하여 의논한다.

2. 실제 수업이 예측되었던 것과 얼마나 같았는가? 이것이 중요한가? 만일 그렇지 않다면 계획 단계의 목적은 무엇인가?

3. 계획과 실제 수업에서 필요했던 교사의 결정을 생각해보고 당신이라면 다르게 했을 것이라고 생각되는 것은 무엇인가? 이것에 바탕이 되는 추정과 이유를 자세하게 설명해보라.

4. 이 과업의 초기에 정의된 속도를 생각해보고 당신이 관찰한 수업의 속도에 대해 어떠한 의견을 제시할 수 있는가? 어떠한 요인들이 여기에 관련되어 있는가?

5. 관찰한 수업에서 수업의 초점 혹은 활동이 몇 번이나 변하였는가? 이것이 수업 속도에 어떤 영향을 끼쳤는가?

6. 이제는 수업 동안의 사례 연구 기록에 초점을 두어보자. 학습자는 수업을 따라가기 위해 어떠한 신호를 방출하였는가? 이와 관련하여 교사가 다음 단계로 진행할 시간, 잠잠해질 시간, 교정할 시간, 마무리 할 시간 등을 어떻게 알 수 있었는가에 대해 어떠한 의견을 갖고 있는가?

7. 수업을 너무 빠르게 진행하면 학습자는 여러 가지 부정적 반응을 보일 수 있다. 즉, 힘들어하거나 짜증을 내거나 우울해한다. 혹은 수업을 외면할 수도 있다. 학습자의 학습 속도가 수업 속도보다 빠를 경우에는 지루해하거나 동기를 잃거나 수업을 외면할 수 있다.

교사는 다양한 능력과 학습 속도를 갖고 있는 학습자들을 대상으로 어떻게 속도를 유지할 수 있는가?

당신은 당신 수업의 시간과 속도에 만족하는가? 조정할 수 있는 방법이 있을까?

6.5 수업 권력

전통적으로 우리는 수업에 대하여 교사는 '알고' 학습자는 '모르는' 공간이라고 생각하며 학습자는 '알기 위해' 그 자리에 있는 것으로 이해해왔다. 이러한 교육 모델은 교사에게 많은 권력을 부여하는데 많은 사람들이 학습 성공의 책임과 마찬가지로 수업 권력(classroom power)도 교사의 손에 있다고 생각한다(Deller 1990; Leather and Rinvolucri 1989). 하지만 최근 학습자중심 교육과 기능기반 학습이 사용되면서 이 접근법이 언어교사들에게 점점 지지기반을 잃어가고 있다

이 과업은 다음과 관련하여 생각해 보도록 한다.
- 수업 안팎에서의 학습과 관련하여 결정하기
- 누가 이러한 결정을 하는가
- 학습 목표의 관점에서 가장 효과적인 '힘의 균형'(balance of power)

수업 전

....

1. 관찰할 수업을 정한다. 가능하다면 수업 전에 교사와 만나 이상적으로 수업계획, 목표, 과제, 사용할 교재 등에 대해 이야기 한다. 아래 목록의 첫 4 개의 질문을 한다.
2. 목록에 있는 나머지 질문을 살펴본다(Deller 1990:6에서 발췌).

 수업 중

....

목록에 있는 질문의 관점에서 수업을 관찰한다. 그리고 질문에 대한 답을 T(교사), S(학생), T/S(교사와 학생)으로 각각 표시한다.

수업은 모든 장면을 포착하려고 너무 노력하지 않아도 된다. 상세하지 않고 개략적인 신호도 충분하다.

1. 목표를 결정한 사람은?
2. 중심 언어와 기능을 결정한 사람은?
3. 주제와 수업 활동을 결정한 사람은?
4. 준비된 자료를 결정하고 준비한 사람은?
5. 학습자 좌석배치를 결정한 사람은?
6. 칠판에 판서한 사람은?
7. 칠판을 지운 사람은?
8. 학생들이 대화한 사람은?
9. 짝과 그룹을 만든 사람은?
10. 활동을 중단한 사람은?

11. 기술적 장비를 다룬 사람은?

12. 어떤 질문 혹은 문제를 다룰 것인지 결정한 사람은?

13. 학습할 어휘를 결정한 사람은?

14. 단어의 뜻을 제시한 사람은?

15. 새 단어의 철자를 제시한 사람은?

16. 설명을 한 사람은?

17. 질문 한 사람은?

18. 학습자의 질문에 답한 사람은?

19. 학습자가 잘 듣지 못했을 때 반복 제시한 사람은?

20. 침묵을 만든 사람은?

21. 침묵을 깬 사람은?

22. 과제를 확인한 사람은?

23. 숙제를 결정한 사람은?

 수업 후

1. 질문의 답에 근거하여 관찰된 수업에 대해 어떠한 일반적 경향을 지적할 수 있는가? 이것이 놀라운가? 당신이 예측했던 것을 확인시키는가?

2. 이 수업에서 최우선시 되는 질문은 '누가 결정권을 갖고 있는가?' 이며 질문 목록이 많은 영역을 포함하였다. 질문 중에서 몇 개의 별개 영역을 선정하여 새로운 질문을 할 수 있다. 예를 들어 교사보다는 학습자가 …를 하게 하는 것이 어떤 가치가 있을까?

  3. 학습자가 수업의 주제를 결정한다면 어떠한 가치가 있을까?

  5. 학습자가 자리배치를 결정한다면 어떠한 가치가 있을까?

  6. 학습자가 판서를 한다면 어떠한 가치가 있을까?

  23. 학습자가 자신들의 숙제를 결정한다면 어떠한 가치가 있을까?

3. 질문 12, 16, 18, 19를 더욱 자세히 살펴보자. 여기서 공통점은 학습자가

사용한 언어를 살펴보는 것이다. 만일 학습자들에게 다음과 같은 기회가 주어진다면 수업에서 어떤 언어가 사용될까: 학습자가 자신들이 관심있는 쟁점들을 살펴본다면 다음관 같은 경우가 가능하다. 즉, 자신들이 이해하고 있는 범위에서 설명을 제시하거나 다른 학습자의 질문에 답하거나, 다른 학습자를 위해 반복하여 내용을 제시한다.

4. 교사와 학습자의 역할과 관련하여 '힘의 이동(a shift in power)'은 무엇을 의미하는가? 그리고 학습절차에 어떤 영향을 미치며 어떤 결과를 가져올 것이라 생각하는가?

5. 많은 교사들이 수업에서의 중요한 결정권을 포기하기 꺼려한다. 왜 그렇다고 생각하는가? 그들은 어떠한 이유를 말할까?

6. 학습 과정에서 결정권을 학습자에게 넘기는 것은 수업이 덜 예측 가능하고, 계획될 수 있는 것이 적으며 많은 것이 즉흥적으로 이루어질 수도 있는 모험을 수반한다(Wajnryb 1992). 이 과정에서 어떤 위험 요소가 있을까?

7. 우리는 여기서 비교문화적(cross-cultural) 쟁점이 있다고 볼 수 있다. 많은 학습자들은 교사가 학습 과정의 모든 결정권을 갖고 있다고 예측한다. 만일 이러한 결정권이 학습자에게 주어진다면 어떻게 반응할까? 기대하는 것들이 불일치하는 경우, 특히 문화적 이유에서, 어떤 전략이 도움이 된다고 생각하는가?

8. Deller(1990:1)는 '우리의 이름없는 훈련가는 학습자다. 그들은 우리의 실제 직업 발전에 참으로 막대한 영향을 끼친다'라고 하였다.

학습자가 개발한 교재로 수업을 하는 것이 교사 개발의 어떠한 근원이 될 것이라 생각하는가?

반 영

다른 사람의 수업을 관찰하는 것은 거울을 들여다보듯 우리 자신을 돌아보는 것이다. 당신 자신의 수업에서 어떠한 경향이 나타날 수 있다고 예측하는가? 당신의 수업을 자료로 사용하여 질문에 다시 답을 해보라. 당신은 수업 결정권의 어떠한 면을 학습자와 함께 나누겠는가? 그리고 이를 시행할 경우 어떤 문제점이나 위험성을 가져올 것이라 생각하는가?

7. 수업 자료와 자원

7.1 자원으로서의 칠판

배 경

언어교육은 세계적으로 다양하게 이루어지고 있지만 칠판은 어느 교실에서나 필수적 요소이다.

과업 목표

이 과업의 목표는 어떻게 칠판을 자원으로 가장 적절하게 사용할 수 있는가를 생각해보는 것이다. 수업에서 칠판이 사용되는 목적과 방법을 살펴보고 이러한 정보를 가지고 수업 후 이와 관련된 쟁점들을 논의할 것이다.

과 정

 수업 전

1. 관찰할 수업 정하기. 가능하면 수업 목표를 파악하고 수업지도안을

확보한다.

2. 수업에 대해 미리 알아낼 수 있었던 것을 갖고 다음 내용을 미리 예측해 본다.

- 칠판이 무엇을 위해 사용되는가
- 칠판이 어떻게 사용되는가

 수업 중

1. 수업 중 3번에 걸쳐 칠판 내용과 배치되어 있는 것을 그대로 옮겨 기록한다.
2. 교사가 판서하는 동안에 일어나는 일을 현장 기록한다.

 수업 후

1. 기록했던 내용과 3번에 걸쳐 복사해둔 칠판내용에 대해 교사와 이야기한다. 칠판 내용 배치에 대한 결정에 대해 의논해 보라. 만일 당신이라면 칠판을 다르게 사용했을 것인가? 어떻게? 이것도 교사와 함께 의논해보라.
2. 칠판은 어휘 교수, 문법 설명, 그림 그리기 등의 다양한 목적으로 사용될 수 있다. 이 안에서도 그림은 상황 표현, 활동 묘사, 어휘 유도를 위한 사용 등 하위 목적이 가능하다.

관찰된 수업 안에서 칠판 사용의 다양한 목적을 생각해보라. 그리고 다음과 같이 적절한 범주와 하위 범주로 구분해보라.

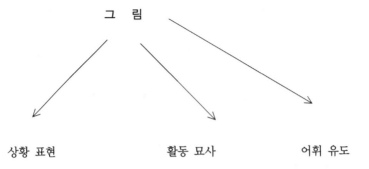

상황 표현   활동 묘사   어휘 유도

3. 수업에서 기록한 자료를 분석하였을 때 칠판이 임의로 사용되었는가 아니면 체계적으로 사용되었는가? 혹은 그 중간이었다고 생각하는가? 만일 칠판 사용이 체계적이라고 생각한다면 그것을 설명하고 효율성을 평가하라.

4. 칠판 사용 체계는 수업에서의 필요성과 보여지는 시간에 따라 세 가지 범주로 구분된다.

    a) 참고 자료(reference material): 수업에서의 영구적 기록(일정기간 동안 칠판에 남아있다);

    b) 수업 전개와 관련된 자료(material related to the development of the lesson): 축적되는 것으로 기록되는 순간의 목적을 위해 사용된다; 지워지거나 영구적 부분으로 옮겨질 수도 있다;

    c) 수업에서 예측이 불가능하거나 즉흥적으로 필요한 부분으로 즉흥적으로 판서되었다가 '사라질 수 있는' 기록

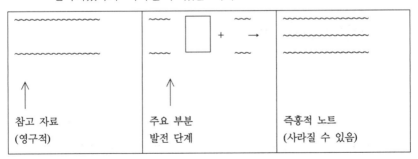

7.1 자원으로서의 칠판

이러한 체계에 대한 견해는? 권장할 만한가? 권장할 수 있는 다른 체계가 있는가?

5. 칠판 사용과 관련하여 생각해 볼 수 있는 이슈에는 다음과 같은 것들이 있을 수 있다.
    - *누가 판서하는가? 주로 교사가? 학생이 칠판을 사용할 수 있는 기회가 있는가? 이에 따른 위험성은?*
    - *수업 중에 교사나 다른 사람이 판서하는 동안 어떤 일이 일어나는가? 현장 기록을 사용하여 답하라.*
    - *칠판에 적힌 내용이 읽기 쉽고 이해 가능한가?*

6. 칠판 사용의 관점에서 수업을 관찰하고 다양한 시각에서 칠판에 대해 생각해 보았다. 교수학습 자원으로 칠판의 최대 활용을 위해 '특별한 지침(golden guidelines)'이 필요한가? 예를 들면 다음과 같다.
    - 깨끗하게 정리된 칠판으로 수업을 시작하여 이전시간의 잔재로 인한 집중 방해를 막는다.
    - 긴 시간동안 학습자에게 등을 돌리고 하는 판서를 지양한다.

반영

자신의 수업의 관점에서 이 수업을 돌아볼 때 칠판 사용과 관련하여 노력이 필요하거나 조금 더 탐구하고 싶은 특정한 부분이 있는가?

7.2 자원으로서의 학습자

배경

교사가 갖고 있는 가장 위대한 자원은 학습자 자체라는 것을 인정하는 것이 교육의 한 격언이 되었다. 학습자는 언어를 사용함으로써 배우기 때문에 학습자의 소극성과 무관심이 실제적으로 학습결과를 방해할 수 있는 언어 교수 분야에서는 이 격언이 특히 더욱 중요하다. 만일 교수학습과정이 학습자를 적극적으로 참여시킨다면 더욱 긍정적인 결과가 보장될 수 있다.

이 과업의 목표는 학습과정에서 학습자가 다양한 자원이 될 수 있다는 인식을 증진시키는 것이다.

 수업 전

1. 관찰할 수업 선정하기.
2. 자료 수집에 사용할 표 익히기.

 수업 중

1. 학습자 참여도의 관점에서 수업을 관찰한다.
2. 표를 사용하여 각 사건을 회상할 수 있도록 수업 중에 학습자가 자원으로 사용된 시간을 수업 과정의 세부적인 내용과 함께 기록한다.
3. 학습자가 무엇을 하는가에 초점을 맞춘 과정 효과(process effect)와 학습자를 과정에 참여시킨 결과에 초점을 맞춘 결과 효과(outcome effect)에 대해 의견을 제시하라. 결과가 학습과 연관되지만 직접적으로 관찰될 수 없을 수 있기 때문에 당신의 견해는 추측에 불과할 수도 있다는 점을 염두에 둘

필요가 있다.

4. 학습자 참여도의 관점에서 수업을 관찰하고 기록하는 것과 동시에 학습자가 참여하지 않았지만 참여할 수 있었던 지점들도 함께 고려하라. 다른 색의 펜을 사용하여 수업의 어떤 과정에서 자원으로서 학습자가 어떻게 사용될 수 있었을 것인가를 기록하고 가능했던 과정 효과와 결과 효과를 예측해보라.

자원으로서의 학습자	수업 단계	단계 효과	결과 효과

7.2 자원으로서의 학습자

 수업 후

1. 수업에서 학습자가 자원으로 사용된 것과 관련하여 수집했던 자료를 생각해보라. 어떤 패턴이 드러나는가? 이 자료에 근거해서 어떤 의견을 제시할 수 있는가? 이 자료를 수업했던 교사와 논하라.

2. 학습자를 자원으로 활용하면서 어떠한 혜택이 얻어졌는가? 목록을 작성하고 의미있는 방식으로 분류하라.

3. 수업에서 학습자가 자원으로 사용될 수 있었지만 실제적으로는 사용되지 않았던 부분들을 생각해보라. 교사가 이러한 결정을 한 이유를 생각해보라. 교사가 수업의 일정 부분에서 학습자를 참여시키지 않았던 이유를

생각해보라. 교사가 학습자를 자원으로 참여시키기 전에 고려해야 할 예방책이 무엇인지 생각해보라.

4. 이제는 학습자를 자원으로 참여시키는 과정 효과에 주목한다. 3번째 행에 기록된 것과 성공적 언어 학습 요소와의 관련성은 무엇인가? 비슷하게 결과 효과에 대해서도 생각해본다.

5. 학습자의 자원으로서의 적극적인 참여가 교실에서의 교사와 학습자 역할의 본질에 어떠한 영향을 끼치는가?

6. 적극적인 참여 개념과 문화별 학습 방식 존중과의 사이에 마찰이 있는가? 절충적 입장이 가능한가?

반 영

당신의 수업에서 어느 정도로 학습자가 자원으로 간주되고 있는가? 현재 이 자원을 어떤 방식으로 사용하고 있는가? 앞으로의 가능성을 어떤 방식으로 살펴볼 수 있을까?

7.3 수업 자료로서의 전인적 학습자

배 경

이 과업의 바탕이 되는 개념은 Stevick의 인문주의적 언어교육, 특히 수업 자료로서의 '전인적 학습자(whole-learner)'를 위한 선택 기준에서 비롯되었다(Stevick 1980). Stevick은 성인 언어 학습자는 인지적인 관점에서만이 아니라 완전한 인간으로 다루어져야 한다고 하였다. 그는 학습자에게 개인적으로 의미있는 학습 과정을 허용하는 자료 선정 또는 개발을 위한 여섯 가지 필수기준을 제시하였다. 이는 다음과 같다.

1. 자료는 교실 밖에서도 의미있는 *언어* 즉 원어민 화자가 사용하는

언어와 흡사한 언어로 제시되어야 한다.

2. 자료는 *세계와 현실*을 특별한 필터링을 통해 거른 것이 아니라 학습자가 이해하는 바와 같이 다루어져야 한다. 예를 들어 자료는 성인 학습자가 갖고 있는 세계에 대한 풍부한 지식을 잘 활용할 수 있어야 한다.

3. 자료의 내용은 학습자의 *정서적인* 측면에서 본질적 관심사를 포함하고 있어야 한다. 이상적으로는 학습자가 자신의 경험에 근거해 자료를 연관지을 수 있어야 한다.

4. *의견충돌의 기반*이 있을 경우, 학습자로 하여금 *선택*을 하도록 한다. 일반적으로 성인들의 대화에서는 생각의 차이가 드러날 수 있다. 자료는 이 요인을 회피하거나 정지시키기 보다는 오히려 함양해야 한다.

5. 자료는 학습자들이 서로 *의미있는 상호작용*을 하게 해야 한다. 여기서의 상호작용이란 기계적 반복이나 형식적인 대화가 아닌 의사소통을 목적으로 하는 것을 뜻한다.

6. 자료 설계는 학습 맥락에서 학습자의 *안전성* 감각을 고려해야한다. 학습자는 발화오류가 수업에서 허용되며 심지어 권장된다는 사실을 학습과정에 필요한 부분으로 느껴야 한다. 언어표현을 할 때 창피함을 느낄지도 모른다는 위험요소가 없어야 한다. 이는 인적 자원 관리와도 관련이 있지만 자료 자체에서도 고취될 수 있는 요인이다.

과업 목표

이 과업의 목표는 Stevick의 자료 기준을 살펴보고 수업을 이 기준에 준하여 관찰, 측정하는 것이다. 여기서 중요한 것은 교수법이 아닌 자료에 중점을 두는 것이다.

수업 전

1. 관찰할 수업 정하기.
2. 위에서 설명된 Stevick의 기준과 사용될 표를 익힌다.

 수업 중

Stevick의 기준에 준하여 수업을 관찰하고 사용된 자료에 대하여 표의
틀에 알맞게 메모한다.

기　준	자료에 관하여 관찰된 내용
자료의 언어	
자료가 반영하는 '현실성'	
학습자 정서에 호소	
선택/불일치의 범위	
상호작용의 질	
학습 상황의 안전성	

7.3 수업 자료로서의 전인적 학습자

수업 후

1. 수업을 Stevick이 제시하는 6개의 기준에 준하여 평가하라. 구체적으로 다음의 기준을 적용하여 평가하라.

   a) 자료가 실제적 언어로 표현되었는가?

   b) 외부적 현실이 제대로 반영되었는가?

   c) 학습자의 정서적인 면이 고려되었는가?

   d) 의견 충돌에 있어서 선택적 기반이 있었는가?

   e) 학습자의 상호작용은 형식적이지 않았는가?

   f) 자료가 '안전한 상황'에 기여하였는가?

   이 활동을 수업한 교사와 이야기해보라.

2. 각 기준을 수업을 측정하는 도구로 사용하였으니 이제는 기준 자체를 하나씩 평가해보자.

   자료에 대한 Stevick의 기준이 당신의 것과 어느 정도 일치하는가? 당신이 자료를 만들거나 선택할 때 어느 기준을 사용하는가? 이것이 당신의 언어에 대한 정의와 언어가 학습되는 방식에 대한 당신의 생각을 어떻게 반영하는가?

3. 인문주의적 언어교수 원리는 학습자의 개별적 특성을 중요시하는 반면, 행동주의 기법은 학습 집단의 전반적 일치를 강요한다.

   하지만 여기에는 문화 제국주의의 가능성이 있는데, 개인에 초점을 두는 것을 서양적 문화 개념으로 생각할 수 있기 때문이다. 다른 문화적 배경을 갖고 있는 사람들에게 이 접근법을 강요할 경우 융화가 아닌 충돌을 가져올 수도 있으며 현실적으로 학습참여가 아닌 학습이탈을 유도할 수도 있다. Widdowson(1990:13)은 '개성은 그 자체가 문화적 개념이다. 개개인이 모여살고 있는 사회를 정의하는 문화적 가치에서 벗어난, 사적인 독립적 실제 인간은 존재할 수 없다.'라고 하였다.

   같은 문화적 배경을 갖고 있는 사람들에게 이를 받아들이게 한다 하더라도 인문주의적 언어 교수법에서 개개인에게 관심을 갖는 것은 '부적절한 사생활 침해(unwarranted intrusion on privacy)'라고 볼 수도 있다. 이러한 개념을 지지하거나 반대하는 경험을 생각해 보라.

반 영

당신이 사용하려는 자료는 어느 정도까지 전인적 학습자(whole-learner)를 고려하고 있는가? Stevick 이 제시하는 기준을 당신은 어느 정도까지 참고할 의향이 있는가?

7.4 과업 분석(Task analysis)

배 경

언어 수업은 흔히 학습자들이 언어로 무엇인가를 하는 것, 그리고 수업의 일부 단계에서는 특정한 과업을 수행하는 것을 수반한다. 여기서는 과업을 학습자들이 이해하고 표현하는, 혹은 목표언어로 상호작용을 하는 의미중심적 작업으로 정의하고자 한다.(Nunan 1989).

Nunan이 제안한 다음과 같은 목표, 입력, 활동, 역할과 환경 틀을 통해 과업을 분석할 수 있다.

이 틀을 사용한 과업 분석의 한 예는 다음과 같다. 학습자는 잠버릇과 관련하여 설문지를 받았다. 그들은 우선 모든 어휘의 의미와 발음을 확실히 했고 그 후, 짝을 지어 서로를 인터뷰하도록 하였다.

목표: 개인 정보 교환
입력 장차: 잠버릇과 관련된 설문지
활동: i) 설문지 읽기
　　　　ii) 잠버릇과 관련하여 묻고 답하기
교사 역할: 관찰자, 조력자
학습자 역할: 대화 파트너
환경: 교실, 짝 활동

(Nunan 1989:48)

과업 목표

이 관찰의 목표는 언어 학습 과업의 다양한 요소를 살펴보는 것이다.

절 차

 수업 전

1. 위의 과업 분석 틀을 익힌다. 의사소통을 목적으로 하며 학습자가 의사소통적으로 언어를 사용하는 수업을 관찰하도록 정한다.
2. 작성할 표를 이해한다.

과업 요소		관 찰
목표	= 의도하는 결과	
입력 장치	= 과업의 출발 시점을 표시하는 내용	
활동	= 학습자에게 입력장 치를 사용하여 수행 하는 것	
교사 역할 학습자 역할	= 과업을 수행하며 맡 는 역할	
환경	= 과업을 수행하는 사 회적 배경	

7.4 과업 분석

 수업 후

1. 목적, 입력 장치, 활동, 역할과 환경의 범주로 나누어 과업을 분석하기가 어느 정도로 쉽거나 어려웠는가? 이러한 요소를 수정하기를 원하는가?

2. 도표를 사용하여 수정사항을 표현하기를 원할 수도 있을 것이다.

3. 학습과업의 관찰과 분석을 통한 경험에서 '과업'에 대한 정의를(Nunan 1989) 다시 생각해 볼 수 있을 것이다. 예를 들어, 다음과 같은 질문을 생각해보자.

   a) 학습과업은 언제나 의미중심이어야 한다고 생각하는가?

   b) 과업은 언어적 생산을 수반해야 한다는 것이 얼마나 중요한가?

   c) 의사소통 과업은 전적으로 학습자의 모국어 사용을 불가능하게 해야 하는가?

   d) 과업은 어느 정도까지 교실뿐만 아니라 학습자의 '실제 사회(real-world)'활동과 기능까지 포함해야 하는가?

   e) 과업은 어느 정도까지 독립적 의사소통 행위로 분리되어야 하는가?

반영

이 관찰을 통해 무엇을 배웠을까를 생각해보고 메모해보라. 앞으로 수업을 설계하는데 변화를 예측하는가? 더욱 탐구하고자 하는 쟁점들이 있는가?

알림

이 과업은 D. Nunan의 *Designing Tasks for the Communicative Classroom*, Cambridge University Press, 1989의 자료를 사용하였다.

7.5 과업 설계와 평가

배경

이 과업은 좋은 언어 과업을 확인하고 그 특징을 탐색해 보는 것이다. 또한 교실 과업을 측정하는 객관적인 방법을 찾는 것으로 이는 자료로써의 효율성을 평가하기 위해서이다. 좋은 학습 과업을 평가하고 설계하는데 사용될 수 있는 기준은 무엇인가?

좋은 학습 과업을 평가하기 위한 당신의 기준을 생각해본다. 그리고 이 기준을 사용하여 과업을 평가한다. 그 후에 본래의 기준을 다시 검토할 것이다.

과 정

 수업 전

1. 준비를 위하여 학습 과업에 대한 당신의 개념을 다시 정리해 보라. 그리고 다음 6가지 좋은 학습 과업의 특징과 관련된 진술을 생각해 보고 해당되는 점수에 동그라미 해 보자.

◎ 좋은 과업의 특징이 아님
① 선택적인 특징
② 비교적 중요한 특징
③ 매우 중요한 특징
④ 필수적인 특징

좋은 학습 과업은 :

a) 학습자가 언어의 구체적인 특징을 다루고 실행하게 한다. (0 / 1 / 2 / 3 / 4)

b) 학습자에게 실제 상황에서 필요한 의사소통 기능을 연습할 수 있는 기회를 제공한다. (0 / 1 / 2 / 3 / 4)

c) 학습자로 하여금 위험부담을 경험하도록 한다. (0 / 1 / 2 / 3 / 4)

d) 학습자로 하여금 문제해결 혹은 해결을 경험하도록 한다. (0 / 1 / 2 / 3 / 4)

e) 과정 중심 혹은 결과 중심이다. (0 / 1 / 2 / 3 / 4)

f) 학습자에게 선택권을 준다. (0 / 1 / 2 / 3 / 4)

좋은 학습 과제에 필수적인 특징으로 생각되는 다른 것들이 있는가?

2. 수업을 관찰하면서 사용할 질문들을(아래) 이해하고 익숙해진다.

 수업 중

1. 교사가 제시하는 학습 과업에 주목하며 수업 전체를 관찰하라. 과업의 맥락을 고려하라: 교사가 처음부터 끝까지 어떻게 다루는가; 그리고 학습자가 어떻게 처리하는가.

2. 학습자들이 과업을 이행하는 것을 들을 수 있도록 가능한 가까이 앉는다. 협상을 하며 과업을 제대로 이행하기 위해 학생들이 생산하는 언어에 귀를 기울인다.

3. 과업 하나를 선정하고 다음 질문들을 사용하여 다음 측면에 대한 내용을 기록한다.

교사 관찰

a) 과업은 어떻게 소개되었나?

b) 어떤 지시가 제시되었나?

c) 과업은 몇 개의 단계를 수반하는가?

d) 관찰이 수반되었는가?

e) 보고 단계가 있었는가?

f) 과업은 어떻게 해결되었는가?

학습자 관찰

a) 과제의 수준이 학습자의 수준과 어울리는가?

b) 지시 설명은 충분하였는가?

c) 학습자는 과제를 이해할 수 있었는가?

d) 학습자는 과제를 수행할 수 있었는가?

e) 협력/상호작용이 필요하였는가?

f) 과제를 하면서 들었던 수반된 언어에 대해 의견을 제시하라.

 수업 후

1. 관찰한 과업 중 어떤 것이 잘 수행되었고 어떤 것이 그러지 못하였는가? 원인이 되는 요인을 분리할 수 있는가?

2. 과업 하나를 선정한 후, 다음과 같은 질문을 던진다.

   a) 과업이 학습자에게 개인적으로 의미가 있거나 관련이 있었는가?

   b) 몇 개의 단계가 필요했는가?

   c) 학습자들은 과업의 '실행 계획'과 관련하여 어떻게 대처하였는가?

   d) 지시는 얼마나 복잡하였는가?

   e) 어느 정도의 사전 지식이 추정되었는가? 이는 언어 지식 혹은 일반 지식인가?

   f) 학습자에게서 요구되는 언어는 학습 수준에 적절하였는가?

3. 당신의 수업 전 활동으로 돌아가라. 당신이 이해하는 좋은 학습 과업의 특징이 관찰된 과업에서 어느 범위까지 분명하게 나타났는가?

4. ('수업 전' 과업에서 제시되었던)좋은 학습 과제를 평가하기 위한 기준을 수정하기를 원할 수 있다. 포함시키고 싶은 좋은 학습 과업의 다른 특징이 있는가? 이제는 중요하지 않다고 생각되는 것이 있는가? 수업에서 '과업'에 대한 이해를 개선하기 위해 자극적이었던 것을 정확히 집어낼 수 있는가?

5. 지금까지 과업 설계와 선택에 대해 생각해 보았다. 이제는 관리와 관련된 질문을 살펴보자. 과업은 어떻게 관리되었는가?

   – 교사: 과업이 어떻게 소개되었는지, 어떤 지시가 제시되었는지, 어떤

관찰이 수반되었는지 그리고 어떠한 마무리, 보고, 해결이 있었는지 생각해보라.

    – 학습자: 지시를 처리할 수 있었는가? 요구에 따라 과업을 수행했는가? 과업의 분위기를 편하게 생각하였는가?

6. 학습자가 과업을 수행하면서 사용한 언어를 생각해보라. 짝 활동이나 모둠 활동에서 협상이나 협동을 위해 언어가 사용되었는가? 이것이 과업을 수행하기 위한 실제 언어와 관련이 있는가? 과업을 이해하고 수행하기 위해 언어 사용은 어느 정도나 중요한가?

이 관찰 과업 경험을 통해 당신의 과업 선정과 설계에서 변화를 예측할 수 있는 측면은 무엇인가? 만일 있다면 그 예측되는 변화를 설명해 보라.

이 과업은 D. Nunan의 *Designing Tasks for the Communicative Classroom*, Cambridge University Press, 1989: 138-41의 생각과 자료를 사용하였다.

참고 문헌

Abramson, L.V., Seligman, M.E.P., & Teasdale, J.D. (1978). Learned helplessness in humans: critique and reformulation. *Journal of Abnormal Psychology*, 87,49-74.

Allwright, D. (1988). Each lesson is a different lesson for every learner. Paper given at 6th ATESOL Summer School, Sydney.

Alptekin, C. & M. (1990). The question of culture: EFL in non-English speaking countries. In Rossner, R. & Bolitho, R. (eds.), *Currents of Change in English Language Teaching*. Oxford: Oxford University Press.

Austin, L. (1990). Mixed levels: a two-pronged approach. *ELICOS ASSOCIATION* Journal, 8, 2.

Bartlett, L. (1990). Teacher development through reflective teaching. In Richards, J.C. & Nunan, D. (eds.), *Second Language Teacher Education*. New York: Cambridge University Press.

Brown, R. (1989). Classroom pedagogics — a syllabus for the interactive stage? *The Teacher Trainer*, 2, 2 13—17; 3, 8—9.

Byrne, D. (1987). *Techniques for Classroom Interaction*. New York: Longman.

Deller, S. (1990). *Lessons from the Learner*. Harlow, UK: Pilgrim Longman.

Doughty, C. & Pica, T. (1986). 'Information gap' tasks: do they facilitate second language acquisition? *TESOL Quarterly*, 20, 2, 305—25.

Dulay, H., Burt, M., & Krachen, S. (1982). Language Two. New York: Oxford University Press.

Edge, J. (1989). Mistakes and Correction. New York: Longman.

Ellis, R. (1990). Activities and procedures for teacher training. In Rossener, R. & Bolitho, R. (eds.), Currents of Change in English Language Teaching. Oxford: Oxford University Press.

Fanselow, J.F (1990). 'Let's see': contrasting conversations about teaching. In Richards, J.C & Nunan, D., (eds.), *Second Language Teacher Education*. New York: Cambridge University Press.

Freeman, D. (1989). Learning to teach: four instructional patterns in language teacher education. *Prospect*, 4, 2.

Freire, P. (1970). *Pedagogy of the Oppressed.* New York: Seabury Press.

Gardner, R.C. & Lambert, W.E. (1972). *Attitudes and Motivation in Second-language Learning.* Rowley, Mass.: Newbury House.

Gebhard, J.G. (1990). Models of supervision: choices, In Richards, J.C. & Nunan, D. (eds.), Second *Language Teacher Education.* New York: Cambridge University Press.

Gibbons, J. (1989). Instructional cycles. *English Teaching Forum*, 27, 3, 6— 11.

Giles, H. & Byrne, J.L. (1982). An intergroup approach to second language acquisition. *Journal of Multilingual and Multicultural Development*, 3, 1.

Gower, R., (1988). Are trainees human? In Duff, T. (ed.), *Explorations in Teacher Training—Problems and Issues.* Harlow, UK: Longman.

Gower, R. & Walters, S. (1988) *Teaching Practice Handbook.* Heinemann.

Harmer, J. (1987). Teaching and Learning Grammar. New York: Longman.

Ingram, D. (1981). The on-going program: a methodological base paper for the Adult Migrant Education Program (Australia).

Larsen-Freeman, D. (1986). *Techniques and Principles in Language Teaching.* New York: Oxford University Press.

Leather, S. & Rinvolucri, M. (1989). Letting go of your power. *Practical English Teacher*, 10, 1.

Lindstromberg, S. (1988). Teacher echoing. *The Teacher Trainer*, 2, 1, 18—19.

Lindstromberg, S. (1990) *The Recipe Book.* Harlow, UK: Pilgrim Longman.

Lipa, L. (1990). Student and teacher perceptions of vocabulary difficulty. Paper presented at the National ELICOS Conference, Brisbane, Australia.

Long, M.H., & Porter, P.A. (1985). Group work, interlanguage talk and second language acquisition. *TESOL Quarterly*, 19, 2, 207—28.

Maingay, P. (1988). Observation for training, development or assessment? In Duff, T. (ed.), *Explorations in Teacher Training — Problems and Issues.* Harlow, UK: Longman.

Nunan, D. (1989). Designing Tasks for the Communicative Classroom. Cambridge: Cambridge University Press.

Prabhu, N.S. (1987a). Equipping and enabling. Paper presented at the RELC

Conference, Singapore.

Prabhu, N.S. (1987b). *Second language pedagogy*. Oxford: Oxford University Press.

Richards, J.C. (1989). Beyond training: approaches to teacher education in language teaching. Keynote address given at workshop on second language teacher education, Macquarie University, Sydney, June 1989.

Richards, J.C. (1990). The dilemma of teacher education in Second language teaching. In Richards, J.C. & Nunan, D. (eds.), Second Language Teacher Education. New York: Cambridge University Press.

Richards, J.C. & Nunan, D. (1990). Second Language Teacher Education.

New York: Cambridge University Press.

Richards, J.C. & Rodgers, T.S. (1986). Approaches and Methods in Language Teaching. New York: Cambridge University Press.

Rogers, J. (1982). The world for sick proper. *English Language Teaching Journal*, 36, 3.

Rutherford, W.E. (1987). Second Language Grammar: Learning and Teaching. Harlow, UK: Longman.

Schön, D. (1983). The Reflective Practitioner: *How Professionals Think in Action*. Temple Smith.

Sinclair, J. & Coulthard, M. (1975). *Towards an Analysis of Discourse*. Oxford: Oxford University Press.

Smith, F. (1971). *Understanding Reading*. New York: Holt, Rinehart and Winston.

Stevick, E.W. (1980). *Teaching Languages: A Ways and Ways*. Rowley, Mass: Newbury House.

Tollefson, J.W. (1989). A system for improving teachers' questions. *English Teaching Forum*, 27, 1, 6—9.

Tyler, C. (1989). Ghosts behind the blackboard: an exercise in teacher self-awareness. *The ELICOS ASSOCIATION News*, 7, 1.

Wajnryb, R. (1989). Stepping in gently: training the trainers. EFL *Gazette*, Nov. 1989.

(1991). The long arm of the Vaupes River Indian: applications of the silent phase to teacher training. *Prospect*, 6, 3, 50—7.

(1992). Risk taking for the timid teacher. *Cross Currents*, 18, 2, 153—6.

Weintraub, E. (1989). Look back and learn: the 'ghosts' behind the chalkboard. *TEA News*, 7, 1.

Widdowson, H.G. (1990). *Aspects of Language Teaching*. Oxford: Oxford University Press.

Williams, M. (1989). Processing in teacher training. Paper presented at IATEFL, Warwick.

Willing, K. (1988). *Learning Styles in Adult Migrant Education*. National Curriculum Resource Centre Adelaide, Australia.

Willis, J. (1981). T*eaching English through English*. Harlow, UK: Longman. Woodward, T. (1989). Observation tasks for pre-service trainees. *The Teacher Trainer*, 3, 1, 25.

Woodward, T. (1991). *Models and Metaphors in Language Teacher Training*. Cambridge: Cambridge University Press.

Wright, T. (1987). *Roles of Teachers and Learners*. Oxford: Oxford University Press.

Zamel, V. (1981). Cybernetics: a model for feedback in the ESL classroom. *TESOL Quarterly*, 15, 2, 149.

과업 색인

제목	과업	쪽수
과업 분석	7.4	175
과업 설계와 평가	7.5	178
교사의 메타언어	2.1	70
교수와 학습 역할	6.3	153
문법 교육	4.4	120
문화적 존재로서의 학습자	1.5	66
반향 언어	2.4	81
발문 : 교사의 촉구	5.2	131
발문 : 교사의 반응	5.3	134
수업 권력	6.5	161
수업 설계	4.1	107
수업 의사소통 관리: 상호작용 패턴	6.1	146
수업 자료로서의 전인적 학습자	7.3	171
수업 중단	4.5	124
시간과 속도	6.4	158
시작하기와 끝맺기	4.2	112
어휘와 학습	3.5	104
오류 처리하기	5.5	142
오류에 대한 피드백 언어	2.3	77
의미 합의로서의 언어	2.5	84
자원으로서의 칠판	7.1	165
자원으로서의 학습자	7.2	168

제시	5.1	128
지시하기	5.4	137
질문 언어	2.2	74
짝 활동과 그룹활동 관리	6.2	149
학습 목표	3.4	100
학습 점검	3.2	92
학습 환경	3.1	88
학습 활동 국면과 전이	4.3	116
학습과 교수의 비교	3.3	96
학습자 동기 유발	1.2	55
학습자 수준	1.4	62
학습자에게 주의 기울이기	1.3	51
행위자로서의 학습자	1.3	59

ㄱ

간단한 대답/반응 스타일 질문 76
개방형 질문 133
개방형 질문
  (Open-ended questions) 76
개인화(personalised) 33
결과 효과 169
결손(deficit)' 전제 25
경험의 자기화
  (ownership of experience) 40
고등 추론(high-inference) 29
공동 조사자 28
공동 탐구자 28
공식적인 언어 입력 72
과업 분석 175
과업 설계와 평가 178
과업-기반(task-based) 접근 128
과정 효과 169
교사 개발자 14
교사 교육자 15
교사 훈련가 14
교사의 메타언어 70
교사의 자율성 26
교수와 학습 역할 153
교육적 목표 100
구적(instrumental)동기 55
구조적(structural)접근 120

귀납적인 접근 120
기억을 불필요로하는
  창의적 질문 76

ㄴ

네-아니요로 답하는 질문 75

ㄷ

단서에 의한 연습 단계 141
대화적 조정
(conversational modificatio) 84
돕는자 28

ㅁ

메타 언어 23
메타언어 70
명령형 발화 133
문법 교육 120
문형 반복 연습(drill pattern) 130
문화적 적응(acculturation) 68
문화적 제국주의 69
문화적 존재로서의 학습자 66

ㅂ

바람직한 조건 52
반영 전문가 24
반향 언어 81
발문 : 교사의 반응 134
발문 : 교사의 촉구 131
발화 요소 77

ㅅ

사회적 목표 100
상향식 28
생산자 153
소통자 153
수습 교사 14
수업 158
수업 권력(classroom power) 161
수업 방해(interruption) 124
수업 설계 107
수업 의사소통 관리:
  상호작용 패턴 146
수업 자료로서의 전인적 학습자 171
수업 중단 124
수업의 응집성 116
수용자 28
시간과 속도 158
시작하기와 끝맺기 112
실행하기(enabling) 29

ㅇ

안내자 153
어려운 과제 해결을 위한 표시

(indicators of challenge) 64
어휘와 학습 104
언어 학습 목표 100
언어수업 관찰 9
연역적인 접근 120
예비 교사 15
오류 처리하기 142
오류에 대한 피드백 언어 77
요지 이해 141
의미 합의로서의 언어 84

ㅈ

자기 교정(self-correct) 144
자기 투사(injection of self) 33
자산(asset)’ 전제 25
자아 투과성(ego permeability) 69
자원기반 34
자원으로서의 칠판 165
자원으로서의 학습자 168
전인적 학습자 171
정보의 근원 30
제시 128
조력자 153
중간언어(interlanguage) 84
지도 교사 14
지목 질문 133
지시하기 137
질문 언어 74
짝 활동과 그룹활동 관리 149

ㅊ

참조 질문 76
초점화 된 교육 순환과정 123
초점화되지 않은 교육 123
초점화된 교수 순환
  (focused instructional cycle) 153
촉진자 28, 46
침묵 국면 21

ㅌ

통합적(integrative)동기 55

ㅍ

폐쇄형 질문 133
피드백 언어 77

ㅎ

하향식 지시 방식 26
학교 기반 지원자 15
학습 목표 100
학습 점검 92
학습 환경 88
학습 활동 국면과 전이 116
학습과 교수의 비교 96
학습된 도움 27
학습자 동기 유발 55
학습자 수준 62
학습자에게 주의 기울이기 51
행위자로서의 학습자 59
활동의 본질(nature of doing) 60
힘의 균형'(balance of power) 161
힘의 이동 164